나는
엄마가
힘들다

나는
엄마가
힘들다

엄마에게서
벗어나고 싶은
딸들을 위한
모녀 심리학

사이토 다마키
다부사 에이코
가쿠타 미쓰요
하기오 모토
노부타 사요코
미나시타 기류 지음

전경아 옮김

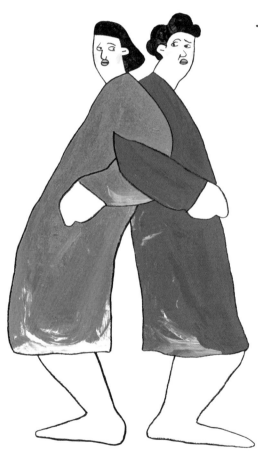

책세상

일러두기

1. 2장 가쿠타 미쓰요와의 대담은 2008년 10월 7일 아사히 문화센터에서, 3장 하기오 모토와의 대담은 2008년 10월 18일 아사히 문화센터에서, 4장 노부타 사요코와의 대담은 2008년 8월 5일 아사히 문화센터에서 이루어진 인터뷰를 토대로 대폭 가필 · 수정한 것이다.

2. 각주는 이해를 돕기 위해 저자가 덧붙인 것이며 옮긴이의 주는 (옮긴이주)로 별도 표시했다.

머리말

'엄마의 딸'에서 벗어나는 길

제가 임상 현장에서 자주 통감하는 것이 모녀 관계의 특수성입니다. 그것도 패턴이 일정하지 않습니다. 아주 억압적인 엄마 아래서 고통받는 딸이 있는가 하면 엄마와 지나치게 밀착된 나머지 벗어나고 싶어도 벗어나지 못해 갈등하는 딸도 있습니다. 겉으로는 얼핏 사이가 좋아 보여도 부지불식간에 수면 아래의 썩은 부분이 드러나는 경우도 있습니다. 물론 부자 관계도 크게 문제가 있을 수 있습니다만, '문제의 양상'은 훨씬 단순합니다.

저는 이러한 모녀 관계의 특수성에 주목하여《엄마는 딸의 인생을 지배한다─왜 '엄마 죽이기'는 어려운 것일까? 母は娘の人生を支配する─なぜ「母殺し」は難しいのか》라는 책을 썼습니다. 물론 부모자식 관계에는 부자 관계도 있고 부녀 관계도 있고 모자 관계도 있습니다. 하지만 그중에서도 모녀 관계는 유독 이질적입니다. 최근에야 겨우 이러한 이질적인 면이 주목받기 시작해 주부잡지에 특집기사로 다뤄지거나 문제 관계에 있는 당사자가 관련 행사를 열거나 책을 집필함

으로써 목소리를 내고 있는데, 여기에 이르기까지도 상당한 시간이 걸린 것 같습니다. 그만큼 모녀 관계에는 말로 표현하기 힘든 부분이 있는지도 모릅니다.

　일본에서만 모녀 문제를 주목한 것은 아닙니다. 복잡한 모녀 관계를 다룬 책은 서구에서도 베스트셀러가 되고 있습니다. 그만큼 보편적인 문제라 할 수 있겠지요.

　그럼에도 대부분의 남성은 이런 문제가 존재하는지조차 알지 못합니다. 이유가 뭘까요? 공감하지 못하기 때문입니다. 예를 들어 '고부 관계'의 어려움은 상상할 수 있어도 '모녀 관계'의 복잡함까지는 상상력이 미치지 못합니다. 실은 저 자신도 말로는 이해한다 하면서도 여전히 공감하지 못하고 있습니다.

　무례한 말씀을 드리자면 저는 '공감할 수는 없지만 재미있다'는 생각으로 그저 '남의 일' 보듯 호기심에서 이 문제를 공부하기 시작했습니다. 일반적으로는 해당 분야에 어느 정도 지식과 경험이 있는 전문가가 발언해야 마땅하지만 제가 감히 나서게 된 이유는 이 영역에 남성의 시각이 주체가 된 연구와 저작이 거의 없었기 때문입니다.

　덕분에 졸저는 "남자치고는 그럭저럭 잘 썼다" 정도의 평가는 받은 듯합니다만, 당초 예상보다 더 널리 읽히며 저 역시 '엄마와 딸'을 주제로 한 강연에 강사로 초빙될 기회가 늘었습니다. 모녀 문제를 겪고 있는 당사자들의 공감과 납득된다는 의견도 큰 힘이 되었습니다. 반면 "그건 아니다"라는 비판과 반론은 이제 거의 나오지 않습니다. 당분간은 저의 문제 제기와 분석이 빗나가지 않았다고 생각해도 좋을 것입니다.

이 책은《엄마는 딸의 인생을 지배한다》에 이어 엄마와 딸을 테마로 하는 저의 두 번째 저서입니다. 지난번 책을 쓸 때 참고로 했던 저자, 혹은 지난번 책을 출판한 후에 그 존재를 알고 꼭 한 번 이야기를 듣고 싶었던 분 등 총 다섯 분과 대담을 진행했습니다.

다부사 에이코 씨는 자신이 겪은 모녀 갈등을 만화로 그렸는데, 대담을 통해 당사자로서 느꼈던 고통과 갈등에서 빠져나온 경위, 나아가 치료에 대한 힌트까지 주셨습니다. 가쿠타 미쓰요 씨는 모녀 관계를 생생하게 묘사한 소설을 몇 권 썼는데, 주로 모녀 관계와 모자 관계를 대비시켜 느낌의 차이를 설명해주셨습니다. 하기오 모토 씨는 걸작《이구아나의 딸イグアナの娘》을 중심으로 실제 경험한 어머니와의 귀중한 일화들을 들려주셨습니다. 노부타 사요코 씨와는 같은 치료자 입장에서 복잡한 모녀 관계에 대해, 여성과 남성이라는 시각으로 각자 의견을 주고받으며 논의했습니다. 미나시타 기류 씨는 약간 특이한 본인의 모녀 관계에서 가족사회학적인 관점으로 시각을 확장해 여성과 가족 문제를 흥미진진하게 분석해주셨습니다.

이분들을 통해 남성의 관점으로는 도저히 이해할 수 없었던 의견과 지적을 듣고, 이전 책보다 더 깊은 논의를 할 수 있었다고 생각합니다.

***

각 대담을 읽기에 앞서 이 책의 전제가 되는 논지를 간단히 설명해두려 합니다. 이 문제는 상호의 입장이 복잡하게 뒤엉켜 있어서 단순한 사실과 증거는 거의 도움이 되지 않습니다. 정신분석학적 발상을 토대로 엄마와 딸의 관계가 얼마나 복잡한지 간단히 기술해보겠습니다.

제 주장은 꽤 단순합니다. 왜 모녀 관계가 특수한가? 그 이유는 쌍방이 '여성의 몸'을 공유하기 때문입니다. 남성도 몸을 공유하지 않느냐고 지적하는 분도 있을 텐데요, 감히 단언하건대 정신분석학적 관점에서 극단적으로 말하면 남성은 몸을 갖고 있지 않습니다. 건강한 남성의 몸은 말하자면 '투명한 존재'입니다. 그래서 질병 등 특별한 경우를 제외하고는 남자들이 일상적으로 자신의 몸을 의식하는 일은 거의 없습니다.

물론 이론異論이 있는 사람도 있겠죠. 하지만 이런 논의는 남녀의 성gender을 추상화한 상태에서 남성은 마음 구조상 자신의 몸을 의식하기 힘들다는 정도로 이해하면 됩니다.

반면 여성은 일상적으로 자신의 몸을 의식할 수밖에 없는 상황에 놓여 있습니다. 그 원인으로는 월경을 비롯해 신체적인 위화감을 느낄 기회가 남성보다 훨씬 많다는 점이 첫 번째로 꼽힙니다. 저혈압이나 변비, 현기증, 두통 등 부정수소不定愁訴●를 앓는 비율도 남성보다 현저히 높습니다. 매일같이 몸을 의식할 수밖에 없다고 할 수 있습니다.

두 번째 요인은 성 편견gender bias입니다. '여자답다'라는 말이 있습니다. 여자다움을 구성하는 요소를 한번 상상해보세요. 몸짓이나 말투, 혹은 우아하고 아름다운 옷차림이나 몸가짐 등 다양한 이미지가 떠오를 것입니다. 그것은 대부분 몸과 깊은 관련이 있습니다. 즉 여성을 여성답게 키운다는 말은 여성스러운 몸을 기른다는 말이나 다름없습니다.

다른 한편으로 '다정함'이나 '단아함', '나서지 않고 한 발 물러서는 태도' 등 추상적인 '여성다움'도 있는데, 이는 남성적 가치관('논리적임', '의연함', '적극성' 등)과는 상반된 특징이 대부분입니다. 바꿔 말하면 주체적인 욕망을 억누르고 포기시키는 방향인 셈이지요.

● (옮긴이주) 뚜렷하게 장애나 질환을 추정할 수 없는, 원인이 불분명한 병적 증상이나 통증.

이상을 간단히 정리하면 '여성다움'의 범주에는 두 가지 모순된 성향이 보입니다. 즉 타자에게 욕망당하는 '여성다운 몸'을 획득하는 쪽과 자신의 주체적 욕망은 억누르면서 '여성다운 태도'로 일관하는 쪽입니다. 이때, '욕망'에 관해 전자는 긍정하고 후자는 부정하는 모순이 생깁니다. 이 '여성다움'이 내포하는 역설이 여성 고유의 공허함과 우울함을 가져온다고 합니다.

여성다움을 지향하는 '훈육'의 핵심은 여성다운 몸과 태도를 기르는 데 있습니다. 그리고 그것을 수행할 수 있는 사람은 엄마밖에 없습니다. 즉, 딸에 대한 엄마의 훈육은 딸의 몸을 거의 무의식적으로 지배함으로서 시작됩니다. 그 목적이 정상적이든 비정상적이든 모녀 문제의 발단에는 이러한 '신체적 동일화를 통한 지배'가 있다는 점에 주의하세요. 이런 특성이 모녀 관계를 특별하게 만듭니다. 모자, 부녀, 부자 관계에서는 이런 속성을 결코 볼 수 없습니다.

딸에 대한 엄마의 지배는 몇 가지 형태를 띱니다. 그중에서도 '억압', '헌신', '동일화' 세 가지가 대표적이라고 할 수 있을 겁니다.

가장 노골적인 지배인 '억압'은 말을 통해 이루어집니다. 여기에는 단순한 금지만이 아니라 다양한 말이 포함됩니다. 하기오 모토 씨의 《이구아나의 딸》을 보면 어릴 때부터 쭉 엄마에게 이구아나라 불린

나는 엄마가 힘들다

딸은 자신을 이구아나로밖에 인식하지 못합니다. 이때, 딸의 몸을 만드는 것은 엄마의 말입니다. 그 말이 딸에게 결정적인 영향을 끼침에도 엄마는 '너를 위해', '네가 잘되라고 생각해서' 한 말이라고 주장합니다.

하지만 엄마가 딸에게 하는 말은 무의식적으로 자기 자신에게 하는 말입니다. 즉, 엄마가 본인의 갈등을 해소하기 위해 만들어낸 말이지요. 이때 '엄마의 말'이라는 회로를 통해 엄마의 몸이 딸에게 전달됩니다. 모든 딸들의 몸에는 엄마의 말이 주입되고 새겨진다 해도 과언이 아닙니다. 그런 까닭에 딸들은 엄마를 부정하지 못하고 엄마의 말을 고스란히 따르며 살아가게 됩니다. '엄마 죽이기'가 어려운 이유는 이런 '내재된 엄마의 말'을 지우기가 어렵기 때문입니다.

'헌신'하는 지배도 있습니다. 엄마가 항상 고압적인 금지와 명령을 통해서만 딸을 지배하는 것은 아닙니다. 너무나도 헌신적인 선의를 바탕으로 한 지배도 있습니다. 딸의 학비를 벌기 위해 몸이 부서져라 일하는 엄마, 딸이 자립하고 난 후에도 수시로 연락해 조언을 아끼지 않는 엄마…. 이런 선의를 정면에서 부정할 수는 없습니다. 그것이 지배라는 걸 알면서도 도망치려 하면 죄책감이 밀려옵니다. 이 책에서도 언급했지만 임상심리사 다카이시 고이치高石浩一 씨는 이런 지배 형태를 '마조히스틱 컨트롤masochistic control'●이라고 정의

했습니다.

아들에게는 이런 종류의 지배가 거의 통하지 않습니다. 아들은 엄마의 헌신에 죄책감을 전혀 느끼지 않기 때문입니다. 여기서도 '젠더 격차'가 생깁니다. 아니면 딸들이 느끼는 죄책감이란 신체적 동일화를 통해서만 생기는 특이한 감각인지도 모릅니다.

'동일화'란 간단히 말해서 딸이 '자신의 인생을 다시 살아주기'를 바라는 마음입니다. 여기에는 '억압'과 '헌신'이 모두 포함됩니다. 여기서 엄마의 이기심이 가장 강하게 발휘되는지도 모릅니다. 그래서 딸이 강하게 반발하기도 하지만 일단 이런 지배가 성공하면 '일란성 모녀'가 완성됩니다. 동일화가 진행되고 나면 서로 간에 지배-피지배라는 자각은 거의 사라지게 됩니다. 비유적으로 말하면 세포 차원에서 몸이 융합된 상태죠.

지배가 싫으면 도망치라고 말하고 싶나요? 따로 떨어져 살거나 거리를 두는 것이 유효한 경우도 분명 있습니다. 하지만 말처럼 쉽지가 않습니다. 엄마의 지배에 저항하든 복종하든 여성은 특유의 '공허함'을 느끼기 때문입니다. 더욱이 저항하거나 도망친 딸은 해방감을 맛보는 동시에 극심한 죄책감에 사로잡힙니다. 심한 대우를 받으면서

● 스스로 고생을 자처해 상대에게 '미안함'을 느끼게 하고 이를 통해 상대를 지배하는 것. 임상심리사 다카이시 고이치高石浩一의 이론이다.

도 엄마 곁을 맴도는 딸들이 많은 이유는 그러한 까닭입니다. 동일
화를 거친 지배를 통해서도 '세포 융합'은 일어나거든요. 모녀 문제
가 심각한 이유는 '엄마 죽이기'가 그대로 '자기 죽이기'로 이어지기
때문입니다.

'심각한 것은 사실'이라고 해도 단언만으로는 무책임합니다. 지난
번 책에서 제가 제안한 해결책은 '문제 인지하기'입니다. 일단 알고
나면 조금이나마 (물리적으로나 심리적으로) '멀어지기'가 가능합니다.
이때, 아버지와 파트너 등 '제삼자의 개입'도 유효합니다. 모녀 관계
는 폐쇄된 환경에서 일그러질 가능성이 가장 높으니까요. 솔직히 지
난번 책은 아버지와 남편들이 많이 읽었으면 좋겠다는 바람이 있었
습니다. 저 같은 남성들이 모녀 관계의 복잡성에 놀라고 때로는 개입
할 수 있도록 말이지요.

***

대담을 마치고 보니 이 문제에 대해 제가 원하는 만큼의 이해와 해
결책에는 도달하지 못했지만 아주 벗어나지도 않았다고 생각합니
다. 당사자, 작가, 연구자 등 다양한 입장에서 이 문제와 씨름해온 사
람들과 대화를 나누면서 지난번 책에서 부족함을 느꼈던 공감성이

나 여성적 시점 등을 충분히 보완했기 때문입니다.

　그런 의미에서 이 책은 이런 종류의 책을 처음 읽는 분은 물론, 저의 지난번 책을 읽었던 분들도 흥미진진하게 읽을 수 있으리라 생각합니다. 이 책이 모녀 문제를 겪는 당사자와 그 가족에게 많은 깨달음을 주고, 엄마에게 지배당하는 '엄마의 딸'에서 벗어나는 길로 이끌어주기를 간절히 바랍니다.

사이토 다마키

"
나는 엄마의 인형이
아니야
"

I

엄마와
싸우고 있습니다

다부사 에이코 田房永子

1978년 도쿄에서 태어나 무사시노 미술대학 미술학과를 졸업했다. 2001년 만화가로 데뷔해 제
3회 악스만화신인상을 수상했다. 이후 남성잡지에 일러스트와 만화를 그리기 시작했다. 현재는
만화잡지와 인터넷 매체에서 작품을 연재하고 있다. 저서로《엄마를 미워해도 될까요?》《엄마도
사람이야ママだって、人間》가 있다.

병은 아니지만 괴롭다

사이토   다부사 씨는 《엄마를 미워해도 될까요?》●라는 책을 내셨는
데요, 어머니와의 관계가 오랫동안 고민거리였죠?

다부사   엄마는 늘 '에이코 건 내 거'라는 듯이 행동했어요. 학교, 친
구, 선생님, 일, 인생…. 저와는 아무런 상의도 없이 갑자기
다닐 학원을 정하더니 그러다 다닐 만해지면 그만두게 하고
중학교 입시 학원에 보냈어요. 시험 칠 학교도 엄마가 정했
죠. 진로만이 아니라 제 방의 카펫과 가구, 여행지, 헤어스타
일까지 뭐든 제가 모르는 사이에 엄마가 멋대로 결정하는 게
일상이었어요. 파마도 하고 싶지 않은데, 엄마 마음대로 미
용실을 예약해놓고 가지 않으면 호통이 날아왔어요.

저는 그게 '이상해서' 반발하는 아이였는데, 엄마는 "학비를
대주는 게 누군데, 싫으면 나가서 여관 더부살이라도 하든
지"라고 했죠. 그런 말을 들으니 아무런 반박도 할 수 없어서
엄마가 시키는 대로 할 수밖에 없었어요. 그래서 늘 마음이

● 어린 시절부터 관계를 끊을 때까지 엄마와 벌인 사투를 기록한 만화 에세이. 다양한 에피소드를
바탕으로 엄마와의 갈등과 독립 과정을 코믹하면서도 사실적으로 그려냈다.

분노로 가득 차 있었습니다. 엄마는 매일같이 제 방에 쳐들어와서 "앞으로 넌 뭘 해도 안 돼" 하고 제 인격과 미래를 부정하는 말을 내뱉었어요. 무시하려고 해도 귓가에 대고 계속해서 떠드는 통에 듣다 듣다 더는 참을 수가 없게 되면 저도 반항했죠. 그러면 얼마 안 있어 "엄마는 에이코를 사랑해, 에이코도 아빠랑 엄마가 소중하지?!"라고 말을 꺼내요. 그리고 제가 태어나던 순간의 일을 감동적으로 말하기 시작하죠. 그렇게 엄마의 기분이 풀리면 "그럼 화해하는 거다?"라는 말과 함께 대단원을 맞습니다. 그런 일이 거의 날마다 한두 시간씩 일어났어요. 그런 엄마가 저에게는 '너무 이상해' 보였고 고등학교 2학년 때엔 십이지장궤양까지 걸렸어요. 집을 나와 독립한 22살까지 약을 먹었죠.

하지만 엄마는 걸핏하면 "우리가 이혼을 했니, 빚이 있니, 도박을 했니? 게다가 아빠는 번듯한 직장에 다니고 있잖아. 우리 집 정도면 정말 행복한 거 아니니"라고 웃으며 말했어요. 그래서 저도 '우리는 복 받은 집이야, 감사하지 않으면 안 돼'라고 생각했습니다. 그래서 엄마에 대한 고민을 누군가에게 털어놔야겠다는 생각은 전혀 하지 못했어요. 십이지장궤양도 체육 수업을 받을 수 없을 정도로 심했지만 "고등학생한테는 흔한 병이야"라는 의사선생님의 말을 들은 터라 심각하게 생각하지 않았어요. 엄마는 '정이 깊고 감정 기복이 심한 사람'일 뿐이고, 누군가에게 상담할 만한 중대한 가족 문제가 있는 건 아니다, 오히려 행복한 가정이다, 이렇게 생각했지요. 제가 사회인이 되어 독립한 후에도 엄마의 기세는 날로 심해졌어요. 엄마는 화가 나면 제 직장으로까지 전화를 걸었죠. 아파트 1층인 제 집 문이 잠겨 있으면 베란다로 들어와서 창문을 두드렸습니다. 상식 밖의 일을 서슴지 않는지라 '엄마가 무슨 일을 저지르지는 않으려나' 하고 20대 시절을 불안에 떨며 보내야 했습니다.

29살, 결혼할 무렵에는 엄마의 기대에 미치지 못하는 저 자신을 반성하느라 지칠 대로 지친 상태였어요. 아무리 애를 써도 엄마는 만족하지 않았죠. 하지만 "이렇게 해달라"는 제 요구에는 일절 응해주지 않는다는 걸 깨닫고, 또 아빠가 제게 했던 말과 행동이 계기가 되어 부모님과 결별하기로 결심했습니다. 엄마가 제 집 베란다에 침입한 이후로는 이사한 집 주소를 부모님에게 알리지 않아서 제가 한 일이라곤 전화를 받지 않는 게 전부였지만요. 전화를 걸어 실컷 울분을 토해내고 싶었는데 겨우 참았어요. 그 이후로 2년가량은 죄책감에 시달리느라 정신과 클리닉에 다니거나 최면치료를 받았습니다.

사이토 지금은 문제를 극복했다고 해도 되겠습니까?

다부사 모르겠어요. 엄마와의 문제로 겪은 고통에 대해서는 말하기가 참 애매해요. 제가 '병'에 걸린 것도 아니고 엄마 때문에 힘들다고 토로해도 "그런 집 많아"라는 대답만 돌아오죠. 행동만 보면 그저 어디에서나 볼 수 있는 평범한 엄마처럼 보이니까요.

가령 "엄마가 식칼을 들고 난동을 부려요"라고 하면 엄마를 병자 취급하겠지만 저처럼 엄마의 존재가 숨이 막힌다, 괴롭다고 할 때 딸의 입장에서 그 고통을 어떻게 해결하면 좋을지 방법이 전혀 없죠. 처음 정신과 클리닉에 갔을 때는 지금까지 제게 일어난 일을 족집게처럼 맞추기에 "점보다 낫네!" 하고 감탄했어요. 그래서 지금도 '고민이 있으니 가볼까' 하고 점 보러 가듯 가벼운 마음으로 여러 정신과를 가보지만 대개는 "병이 아닙니다"라는 말만 듣고 돌아와요.

지금은 엄마와 거리를 두고 있어서 직접적인 피해는 없지만 제 안에 있는 엄마가 주술처럼 저를 옭아매고 있어서 남편과 아이들을 대할 때 문제가 돼요. 엄마와의 관계가 안정적이지 않아서인지 남편에게 이래도 될까, 아이에게 이래도 될까 하는 불안을 느끼고 심할 때는 남편에게 불같이 화를 내거든 요. 또 엄마와 난투를 벌인 적도 있어서 아이를 때리지는 않을까 늘 스스로가 불안해요. 하지만 클리닉에서는 그런 불안이 가벼운 것으로 치부되고 정신과 의사로부터 "당신은 병이 아니에요. 남편분에게 털어놓는 편이 좋지 않을까요?" 라는 말만 듣게 됩니다.

사이토 그런 문제가 있군요. 요즘은 증상이 가벼운 사람이 많다 보니 예전에 비해 내원객을 그대로 돌려보내는 의사가 늘어나서 참 안타까워요.

다부사 저처럼 의사에게 정식 진단을 받기에는 증상이 애매한 사람이 많을 거라 생각해요.

사이토 요즘은 그런 사람이 굉장히 많습니다. 정신과 의사는 대부분 상담치료도 집단치료도 할 수 없어요. 실질적으로 약을 처방하는 곳인 셈이지요. "병이 아닙니다"라는 말은 "당신은 약을 먹지 않아도 됩니다"라는 뜻이지 그 이상의 의미는 없어요. 그게 현재 정신과 치료의 한계라고도 할 수 있겠네요. 소수이지만 약을 처방하지 않고 치료하는 의사도 있습니다만 대개는 약물치료주의라서 필연적으로 약을 처방해야 한다는 생각에 미칩니다. 참 안타까운 문제인데요….

다부사 제 책을 읽은 독자 중에도 상담치료를 받지 않고 고민하는 사람이 굉장히 많아요. 많은 독자들이 특히 엄마에게 '부탁하지도 않은 물건, 필요 없는 물건'을 받고 곤란해합니다. 제 경우 취향에 맞지 않는 옷, 입을 수도 없는 옷을 잔뜩 받아서 집에 쌓아둬야 하는 게 너무 힘들어요. 하지만 주변에서는 그런 제 마음을 이해하지 못하죠. "좋은 엄마네", "입으면 되잖아", "고맙게 생각해"라고들 합니다. 저뿐만이 아니에요. 혼자 사는데도 달걀 한 판이니 감자 한 박스니 하는 것들을 받아서 처리하기 난감해하는 사람들도 있고, 그래서 굉장히 스트레스를 받죠. 그런데도 그게 싫다는 생각조차 금기시해요. 싫어해서는 안 된다고 억지로 참으면서 그것들을 처리하고 있습니다.

제가 인터넷에서 이런 말을 하면 "아아, 나도 그런 적 있는데 진짜 괴로워", "실은 이런 사정을 털어놓는 게 처음이고 상담치료도 받은 적이 없어"라고들 해요. 상담소나 치료센터, 정신과 클리닉 같은 곳은, 병은 아니지만 마음이 힘든 사람들에게 여전히 문턱이 높다고 생각합니다.

사이토 상담사들 중에는 중립적인 입장에서 이야기를 들어야 한다는 원칙에 얽매여 적극적으로 조언을 해주지 않는 사람도 있지요. 중간지대에 있는 상담사나 치료사가 더 필요한지도 모르겠어요. 정신과 의사는 약을 처방해야 돈이 된다는 의식이 강해서 약 처방이 필요 없는 사람에게는 "여기는 인생 상담하는 곳이 아닙니다"라는 식으로 나오게 되거든요.

하지만 앞으로 이 영역은 점점 더 인생 상담에 가까워질 거라 생각합니다. 어디까지가 병이고 어디까지가 삶인지 알 수 없는 문제가 갈수록 늘어날 테고 치료자 쪽도 이런 흐름에 대응하지 못하면 살아남을 수 없을 거예요.

다부사 저는 엄마와의 문제를 극복하기 위해 심리치료소에 다니고 있어요.

사이토 심리치료라면 어떤 치료인지?

다부사 우연히 발견한 곳인데요, 최근에는 게슈탈트 심리치료Gestalt therapy●에 빠져 있습니다.

사이토 게슈탈트 심리치료 자체는 대중적인 치료법이라서 꽤 믿을

● 1950년대에 프리츠 펄스Fritz Perls 부부가 개발한 치료법. '지금 여기서' 문제를 깨달을 수 있는 것이 특징이다. 게슈탈트 치료법 중 하나인 '빈 의자'는 아무도 앉지 않은 빈 의자에 '문제가 있는 상대' 또는 '또 한 명의 나', '문제점'이 앉아 있다고 상상하고 그 의자를 향해 속내를 털어놓게 함으로써 환자가 스스로 문제의 원인을 자각하도록 유도하는 치료법이다.

만하지만 제가 보기에는 좀 구식이라는 느낌이 듭니다. 유행이 지났다는 인상이랄까요. 하지만 사람마다 선호하는 치료법이 다르니 효과가 있다고 느끼면 당연히 거기에 다니는 게 좋겠지요. 심리치료를 받아보니 어떻든가요?

다부사 일단 저는 엄마와 다툴 때와 마찬가지로 남편에게도 심하게 화를 내곤 했어요. 폭력으로 남편을 어떻게 하려는 의도는 아니었는데 싸우는 도중에 저도 모르게 손이 나가서 스스로도 이게 가정폭력인지 뭔지 판단이 서지 않더라고요.

그런데 게슈탈트 심리치료소에 갔더니 남편에게 화를 내는 원인으로 엄마에 대한 분노가 나온 거예요. 엄마의 많은 부분 중에서 제가 싫어하는 부분만을 죽이고 싶은 마음이 있었던 거죠. 실제로 엄마를 죽이고 싶은 것이 아니라 싫어하는 부분만 죽었으면 좋겠다고 생각했고 그 공격성이 남편 쪽으로 표출되고 있다고 저는 해석했어요.

게슈탈트 심리치료는 누군가가 결론을 내주는 게 아니라 스스로 깨닫고 생각하도록 유도하는 치료라서 확실한 답은 주지 않아요. 하지만 치료를 받으면서 인연을 끊은 엄마와도 대화를 나눌 수 있게 되었죠.

사이토 네, 효과가 있었다니 다행입니다. 게슈탈트 심리치료는 보통

나는 엄마가 힘들다

어떻게 진행되나요?

다부사   빈 의자에 엄마가 앉아 있다고 상상하고 "나한테 왜 그랬어?"라고 물어요. 그러면 상담사가 "이번에는 이 의자에 앉아서 어머님이 되었다고 상상하고 기분을 말해주세요"라고 하죠. '과연 그게 될까'라고 반신반의하면서 의자에 앉았는데 세상에 엄마에게 빙의라도 된 것처럼 똑같은 말투가 자연스레 나오는 거예요. "에이코는 보물이야"라는 눈물 나는 말도 해주었지만 그 이후로 "하지만 나도 최선을 다했어"라느니 "너한테 그렇게 나쁘게 했다고는 생각하지 않아"라느니 변명이 쏟아지는 통에 저도 모르게 웃음이 나왔어요. '엄마가 나보다 정신연령이 훨씬 낮구나, 초등학생 여자아이 같아'라는 생각이 들면서 엄마를 상대하는 것도 어리석게 느껴졌죠. 그 이후로는 남편에게 전혀 화를 내지 않게 되었어요.

사이토   어머니와의 관계가 남편에게 화를 내는 데 영향을 미쳤다는 사실을 어렴풋이 알고 있었군요?

다부사   네. 여태껏 쌓인 마음속 용암이 팡 하고 터지는 바람에 뱀 같은 것이 쏟아져 나왔어요. 제어는커녕 그것에 조종당하는 느낌이 들어서 막을 수도 없었죠. 제 판단으로는 용암 자체를 없애지 않으면 문제가 해결되지 않을 것 같았어요. 그래서 심리치료를 통해 이제까지 제게 주입된 잘못된 생각이나 주문, 저주 같은 응어리를 풀었죠.

사이토 지금도 풀고 있고요.

다부사 네. 왜 제가 남편에게 버럭 화를 냈는지 곰곰이 생각해봤더니 엄마 문제도 있었지만 여자라는 이유로 집안일을 하지 않으면 안 된다거나, 완벽하게 정리를 하지 않으면 안 된다는 등 '여자다움에 대한 강박'이 저를 억눌러서였어요.

사이토 어머니는 정리를 완벽하게 하는 분입니까?

다부사 엄마는 정리를 못한다고 외할머니에게 잔소리를 듣는 타입이에요. 저도 정리는 영 젬병인데, 외할머니와 엄마에게 "여자라면 정리를 잘해야지"라는 말을 하도 들은 터라 저주에 걸린 느낌이에요. 실제로 정리하는 법은 전혀 가르쳐주지 않고서 '여자는 이래야 한다'를 전제로 말해요. 그런 전제를 깔고 일이든 뭐든 하라는 거죠. 저에게는 엄마가 심어놓은 주문과 저주에서 벗어나는 '저주 퇴치'가 필요하다고 생각했어요.

사이토 그건 중요한 과정이에요. 다부사 씨는 구체적으로 어떤 저주를 들었습니까?

다부사 저는 엄마에게 늘 "네가 나빠"라는 말을 들으며 자랐어요. 그래서 항상 저를 반성하고 학교에서도 직장에서도 뭔가 문제가 생기면 '모든 악의 근원은 나'라고 생각했어요. 그러다 보니 '내가 나빠'라는 태도가 습관이 되었어요. 당시에는 그런 식으로 생각하지 않으면 버틸 수가 없었는데 어른이 되어서도 그 버릇이 없어지지 않더라고요. 하지만 저주에서 벗어나면 자기긍정감도 생기지 않을까요? 갓난아기일 때는 누구나 자기긍정감이 어느 정도는 있다고 믿거든요.

사이토 아뇨, 자기긍정감도 통상은 어머니가 보강해주지 않으면 정착되지 않기 때문에 어머니의 역할이 중요합니다. 가장 오래 곁에 있는 어른이니까요. 곁에 있는 어른에게 무조건적으로 긍정받은 경험이 자기긍정감의 토대가 됩니다. 말씀하신 대로 딸의 인격이 형성되는 데 엄마의 말이 그만큼 큰 영향을 미치죠.

반대로 '저주에서 빠져나온다'는 건 고정관념을 버리는 것만큼이나 쉽지 않아요. 굉장히 힘들죠. 그런데 말씀하시는 걸 들으니 어떻게 하고 있기에 이렇게 아무렇지도 않게 말하는 걸까 궁금해집니다.

다부사 심리치료를 통해 고치고 있으니까요.

사이토 새로운 파트너에게 받는 긍정적인 평가는 어떻든가요?

다부사　그것도 굉장히 효과가 있어요. 남편과 만나기 전 제 주변의 어른들은 온통 간섭하는 사람들뿐이었어요. 모두가 저의 '지금'을 전혀 보지 않고 "이러면 장래가 불투명해", "아무것도 안 하니까 네가 안되는 거야"라는 식으로 미래와 과거의 이야기만 했죠. 하지만 남편은 과하다 싶을 정도로 간섭을 거의 하지 않아요. 확실히 타인과의 만남을 통해 발상을 전환하거나 고정관념을 바꿀 수 있다고 생각합니다.

아빠 소외의 문제

다부사　저를 포함해 제 주변의 30, 40대 엄마들 중에는 아이에게 욱하고 화를 내는 자신 때문에 고민하는 사람이 많아요. 그래서 부모 되기 수업 같은 걸 찾아가 '아이에게는 이렇게 말하자' 등을 배우는 사람도 있고요. 저는 책으로 여러 가지를 배웠어요.

사이토　제 환자들 중에도 고립되어 있는 부모가 꽤 많아요. 그리고 역시 육아를 혼자 책임지고 있죠. 육아의 책임이 전부 자신에게 있다고 생각하는 사람일수록 여유가 없다 보니 욱하고

나는 엄마가 힘들다

화를 내는 경우가 자주 있는 것 같아요. 하지만 다부사 씨는 고립되어 있지는 않잖아요.

다부사 일단은 그래요. 책을 출판한 게 컸어요. 인터넷 등을 통해 독자들과 그런 이야기를 쉽게 나눌 수 있게 되었거든요. 선생님의 책《엄마는 딸의 인생을 지배한다》에서 "엄마는 자신이 무능하고 무력하다고 자책하는데 주변에서는 만능이라고 여긴다"라는 구절을 읽고 정말 공감했어요. 엄마라는 주술, '모성'이라는 주술은 예전부터 존재하던 건가요?

사이토 옛날이라고는 해도 역사가 그렇게 긴 건 아니에요. '현모양처'라는 환상은 근대의 산물로 사회가 강요한 역할입니다. 모성본능이란 건 존재하지 않는다는 사실이 역사적으로 증명되었어요. 하지만 아무도 알고 싶어 하지 않아서 그 지식은 공유되지 않았죠. 엄마라면 마땅히 가져야 할 바람직한 본성이 있다고 모두가 믿고 싶어 하니까요.

다부사 그건 남자들의 생각이 아닐까 싶네요.

사이토 맞아요, 남성의 환상입니다. 남성이 그런 환상을 쭉 강요해왔고 여성 쪽에서도 그 역할을 순순히 받아들여야 결혼하기가 쉽다 보니 점점 더 그런 방향으로 흐르게 되었죠.

다부사 엄마들 중에도 현모양처가 되어야 한다고 생각하는 사람이

광장히 많잖아요. 아마 현모양처가 되는 데 따르는 고통을 깨달을 계기가 없어서 그런 것 같아요.

사이토 일그러진 모녀 관계를 거슬러 올라가면 대전게임의 이른바 끝판왕, 최종 보스처럼 남성의 태만이 버티고 있어요.

다부사 정말 그래요.

사이토 여성성의 본질이 문제가 아니라 예를 들어 엄마가 고립되거나 딸 외에는 사는 보람이 없다고 한다면 그건 남편이 부부 간의 관계를 돈독히 유지하는 데 게을리했기 때문이에요.

다부사 맞아요. 저희 집도 그래요. 제가 고등학생이었을 땐 엄마는 아빠와의 사이가 좋지 않아서인지 그 화살을 저에게 돌렸어요. 거의 매일을 엄마와 치고받으며 싸웠어요.

사이토 놀랍네요.

다부사 엄마가 트집을 잡아서 저를 약 올렸죠. "쯧쯧, 못난 줄은 알고 있었지만 이렇게 못났을 줄이야"라고요.

사이토 열 받을 때까지 약을 올렸군요.

다부사 생각해보면 저를 공격하고 싶어서가 아니라 저와 대화를 나누고 싶어서 그랬던 것 같아요. 그런데 간섭이 도를 넘어버리니 엄마도 혼란스러웠겠죠. 하지만 그건 딸이 아니라 남편과 부딪쳐서 해결해야 했어요.

나는 엄마가 힘들다

사이토 어머님도 뱀이 나온 것이겠지요.

다부사 뱀이 멈추지 않았어요. 저는 결국 욱해서 이성을 잃고 달려들었고 때리거나 하지는 않았지만 몸집이 큰 엄마와 제가 뒤엉켜 싸웠어요. 이리 구르고 저리 구르면서…. 그 짓을 매일 한두 시간씩 했죠. 그런데도 아빠는 그 꼴을 곁눈질하면서 아무 일 없다는 듯이 쓱 지나쳤어요.

사이토 맙소사 그러면 안 되는데.

다부사 그러고는 자기 방에 쏙 들어가 책을 읽었어요. 그게 저희 집에서는 일상적인 광경이었는데 지금 생각해보니 정말 기묘한 영화의 한 장면 같네요.

사이토 그런 장면은 텔레비전 같은 데서 자주 보지요. 제가 치료하는 환자들 가족 중에도 그런 사례가 많아요. 안타깝게도 일본의 가정은 그런 이상성異常性이 일상에 고착되는 경우가 많고 그건 아버지가 소외되는 결과를 낳죠. 그런 아버지를 피해자로 보는 견해도 있지만 문제의 원인은 부부가 똑바로 서로를 의식하고 관계를 구축하지 않았다는 데 있어요. 아버지가 나서서 문제를 해결해야 하는데, 그게 성가시니까 결국 일로 도피하죠. 집안일은 손 하나 까딱하지 않으면서 '이 집은 내가 먹여 살린다'는 명분으로 도망쳐버리는 겁니다.

그런 구도도 세대가 바뀌면서 차츰 변하고 있다고 생각하지 만요.

다부사 하지만 그건 전혀 달라지지 않았어요.

사이토 그런가요?

다부사 그야 요즘 남자들도 일을 쉬지 못하니까요.

사이토 아아, 그렇군요.

다부사 요새 육아에 적극적인 남성이라 해서 육아いくじ와 남성メン의 합성어인 '이쿠맨'이란 말이 유행하고 있는데, 그건 극히 일부일 거예요, 아마도.

사이토 소수의 엘리트나 부유한 젊은 층만 해당된다?

다부사 맞벌이를 하지 않으면 웬만해서는 생계를 꾸리기가 힘들잖아요. "남편을 애완동물이라 생각하고 잘 구슬리는 아내가 현명한 아내다"라는 말은 여전히 유효해요.

사이토 젊은 부부 사이에서도 그렇다는 거죠?

다부사 네, 아내는 열 가지를 다 바라지 말고 여섯만 되어도 만족하라는 말을 염두에 두라고요. 그리고 남편이 집안일을 해주면 "고마워, 애썼네"라고 격려해주고 칭찬해주고 띄워주라고. 그런 내용이 담긴 부부관계 조언서도 나오고 있어요. 하지만 그건 결국 완전히 '방관자적인 아빠'를 조장하는 게 아닐까요?

사이토 충분히 일리 있는 얘기에요.

다부사 제 경우를 돌이켜 생각해봐도 아빠는 전혀 존재감이 없었지만 곳곳에서 영향을 미쳤어요.

사이토 어찌된 영문인지 뒤에서 별안간 툭 튀어나오는 존재지요.

다부사 제게 엄마는 늘 알 수 없는 이유로 화를 내는 사람이었어요. 그 탓에 엄마를 전혀 존경할 수 없었고 부모를 존경하는 마음이 뭔지도 알지 못해요. 그래서 제 딸이 저를 어떻게 볼지 상상도 안되고 어떻게 행동해야 좋을지도 잘 모르겠어요. 뭐든 자신이 없다고 할까요?

다만 지금 생각해보면 저는 일단 엄마보다 아빠를 존경했어요. 성격도 비슷해서 그런 면에서는 유전자의 신비를 느껴요. 다만 아빠의 역할이 분명히 있는데, 남자들이 그 역할을 하지 않고 여자들도 하지 못하게 막잖아요. 그게 너무 안타깝고 문제라고 생각합니다. 지금도 이런 상황은 변하지 않았죠.

사이토 지금은 부모님과 만나고 있나요?

다부사 아이만 일 년에 한 번씩 만나게 하고 있어요.

사이토 부모님이 댁에 찾아오지는 않습니까?

다부사 오지 않아요. 주소를 가르쳐주지 않았거든요.

사이토 주소를 모르니 올 수가 없군요(웃음).

다부사 지금까지의 트라우마가 있어서 절대 가르쳐주지 않으려고요.

사이토 그것에 관해 원망이나 불만을 표하지는 않던가요?

다부사 제게 워낙 심한 짓을 한 터라 본인들도 그 이유를 알고 있으리라 생각합니다.

사이토 자각은 하고 있다. 다부사 씨에게 아이가 생겼을 때 장문의 편지를 썼다는 아버님은 어머님이 이상하다는 걸 인지하지 못했나요?

다부사 아마 알고 있었을 거예요. 하지만 제 편을 들면 엄마와의 생활이 파탄 나니까 그렇게까지 위험을 감수하지는 않은 게 아닐까요? 다만 제 입장에서는 아빠가 제 편을 들어주지 않은 것이 부모님과 헤어지는 데 결정적인 역할을 했거든요. 어느 시기까지는 엄마가 좀 이상해도 아빠가 있어서 참을 수 있었지만 어쨌든 결과적으로 아빠가 결정타가 되었으니 아빠의 존재라는 건 참 중요하죠.

사이토 그런 것 같습니다. 다부사 씨의 《엄마를 미워해도 될까요?》를 읽고 '저렇게 세심한 부분까지 시선이 미치다니 대단하다!'라고 생각했습니다. 아빠의 존재가 굉장히 생생하게 그려져 있죠.

나는 엄마가 힘들다

저주인가 삶의 방식인가

사이토 한 가지 더, 어머님은 다부사 씨에게 이렇게 되어라, 하는 식
으로 본인이 정한 이상적 삶을 강요하지는 않았습니까?

다부사 자주 그랬어요.

사이토 예를 들면 어떤 게 있었죠? 직업이라든지 혹은 어머니상이
라든지 '이런 삶을 살아라' 같은 것인가요?

다부사 손에서 일을 놓지 말라고 자주 말했습니다.

사이토 그건 아무런 문제가 없는 조언이네요. 자립을 독려하는 방향
이잖습니까?

다부사 하지만 아이는 낳으라고 했어요.

사이토 평생 집에 있으라는 건 아니었군요. 그러면 집을 나오는 것
은 괜찮았습니까?

다부사 아니요, 제가 독립하고 싶다고 하니까 불같이 화를 냈어요.

사이토 반대가 심했군요.

다부사 그러니까요. 하는 말이 모순투성이라니까요.

사이토 겉으로 하는 말과 본심이 달랐던 거죠?

다부사 그렇기도 하고 용암을 분출시킬 때 등 다양한 패턴이 있었어
요. 하지만 저는 정말 엄마가 말한 대로만 살았으니까요.

사이토 그건 싫지 않았습니까?

다부사 전에는 굉장히 싫었는데, 요새는 '팔자려니' 생각해요.

사이토 구체적인 예를 들자면요?

다부사 엄마는 남편을 믿지 말라고 말하곤 했어요. 초등학생 시절부터 "결혼은 고민하지 않아도 할 수 있어", "아이를 낳는 것과 결혼은 누구나 할 수 있으니 그런 것에 시간을 낭비하지 마"라고 제게 말했죠.

사이토 지금과는 감각이 굉장히 다르네요.

다부사 그리고 동거도 연애도 실컷 해보라고 했어요. 하지만 결혼해도 남편한테 돈은 절대로 빌려주면 안 된다고 했죠.

사이토 지갑을 하나만 두지 말라는 의미죠?

다부사 재산이 얼마나 있는지도 가르쳐주면 안 된다, 남편에게 구속되지 않으려면 돈이 있어야 하니 손에서 일을 놓지 마, 하지만 아이도 낳아야 한다고 했어요. 저는 그 말을 듣고 집에서 아이를 키우면서 할 수 있는 일이라면 만화가다, 그래서 초등학생 시절부터 만화가가 되고 싶다고 생각했어요. 엄마의 말에서 벗어나지 않는 동시에 제가 하고 싶은 일을 찾았더니 만화가였다는 느낌이에요.

사이토 확실히 그 부분은 충실하게 따랐군요.

나는 엄마가 힘들다

다부사   다만 집에서 일한다고 해도 만화가로 활동하면서 아이를 키
우는 게 무리일 줄은 몰랐어요. 그리고 저는 실연하고 운 적
이 한 번도 없어요. 예전 남자친구를 못 잊겠다고 말하는 사
람의 마음을 이해할 수가 없어요. 이것도 엄마에게 세뇌받
은 결과라고 생각합니다.

사이토   남자를 믿지 말라고 어딘가에서 브레이크를 거는군요.

다부사   네. "결혼은 누구와도 할 수 있다", "그런 것에 시간 낭비하지
마라"라는 말을 듣고 자라서인지 정말로 그런 일에 구애받
지 않아요. 저를 좋아하는 사람이나 확신이 있는 연애에만
관심이 있어요. 리스크를 지지 않으려 한다든지 쓸데없는
데 시간을 들이지 않으려 하는 면이 있지요. 그건 명백히 엄
마의 영향입니다.

사이토   그렇게 되면 어디까지가 저주고 어디부터가 삶의 방식인지
알 수 없겠군요.

다부사   정말 모르겠어요(웃음).

사이토   '저주에서 벗어나기'라는 관점에서는 그런 좋은 영향도 다 없
애야 하는 걸까요, 아니면 좋은 영향은 남겨두는 게 나을까
요? 어머님에게 받은 영향이 다부사 씨 안에 같은 비중으로
자리하고 있다면 저주와 저주가 아닌 것은 어떻게 구별하죠?

지금 자신을 힘들게 하는 것과 힘들게 하지 않는 것인가요?

다부사 네, 맞아요.

사이토 그렇게 생각하면 다부사 씨는 결혼도 잘 하셨고 직업도 보란 듯이 가졌잖아요. 어머님 덕분이라고 한다면 듣기 싫겠지만 결과적으로 잘됐다고 해야 하나… 어쨌건 좋은 영향을 받았어요. 저주라고까지 말할 필요는 없을 듯한데요.

다부사 맞아요. 다들 고민하는 게 그 지점이에요. 엄마의 말이 좋은 영향을 미치기도 했거든요. 갈 학교도 수험 공부도 엄마가 마음대로 정한 건 정말 떠올리기도 싫은 기억이지만 그곳에서 좋은 친구들을 만났고 즐거웠기 때문에 결국 최종적으로는 엄마에게 감사하지 않으면 안 된다는 괴로움이 있죠.

사이토 그거에요. 어머님이 미친 영향 중 싫어하는 부분만 없앨 수 있으면 정말 좋겠지만 그걸 가려내기가 쉽지 않죠. 살아가는 데 끼친 영향은 한 덩어리라서 완전 부정도 완전 긍정도 할 수 없는 부분이 있으니까요.

다부사 맞아요. 그래도 별개로 생각하고 싫어하는 부분만 없애지 않으면 지금을 살아가기가 버거워요. 결국 '낳아준 건 엄마'라며 모든 것이 엄마로 돌아가거든요. 제 주변에도 엄마와 매일 전화하는 사람이 있어요.

나는 엄마가 힘들다

사이토 전화가 걸려오는 건가요?

다부사 그날 있었던 일을 전부 털어놓지 않으면 안정이 안 되는 모양이에요.

사이토 따로 사는데도요?

다부사 네. 남자친구가 있는데도. 그런 사람이 꽤 많아요. 엄마 쪽은 그게 즐거운 거고요. 하지만 그건 자신의 일상을 매일 바친다고 할까, 엄마에게 되돌아간다는 느낌이에요. 당신이 나를 낳아준 덕에 오늘도 이런 일이 있었다고.

사이토 그걸 통해 엄마도 다시 태어나는 거고요.

다부사 하지만 딸도 어른이 되면 매일 일어나는 일을 엄마에게 일일이 말하지 않는 편이 낫다고 생각해요. 그리고 그것이 엄마의 저주를 극복하는 지름길이 아닐까요?

사이토 하지만 갑자기 그만두면 엄마가 당황하겠지요.

다부사 엄마가 불쌍하다는 생각이 들죠.

사이토 서로를 불쌍해하고 관계를 질질 끌면서 상호의존적이 되는 것이 문제군요. 엄마를 불쌍하게 여기지 않는 게 엄마와 멀어지는 첫걸음일지도 모르겠네요.

다부사 정말 그래요. 다들 그걸 어려워하는 것 같아요.

사이토 맞아요. 죄책감이 발목을 잡지요.

다부사 나중에 공격받는 경우도 있어요. 저희 엄마는 공격파였어요. 읍소형도 있고요.

사이토 그게 더 골치 아플지도 몰라요. 그런 분은 아들과 딸을 완전히 분리해서 생각해요. 아들도 엄마에게 은혜를 느끼지 않아서 엄마와 떨어져도 눈 하나 깜짝하지 않죠.

다부사 부럽네요.

사이토 애초에 죄책감을 느끼지 않으니까요.

다부사 엄마가 눈물을 흘리며 하소연해도요?

사이토 그 순간에는 좀 안됐다고 생각하지만 나중에는 '귀찮으니까 됐어'라고 외면하게 되죠.

다부사 저는 지금 엄마에게 괴롭힘당한 사람들을 인터뷰해서 만화로 그리고 있는데 소수이지만 남자도 있어요. 그들은 "우리 집도 이상해요, 이상해"라고 해요. "우리 엄마도 다부사 씨의 엄마와 똑같아서 이런 이상한 행동을 한다"라고 푸념하죠. 그래놓고 결국엔 "하지만 엄마는 엄마 나름대로 나를 사랑해주었다고 생각해요"라고 말을 끝내요. 그럼 저는 '뭐야 그게'라는 생각이 들죠. 역시 아들은 느끼는 게 달라요.

사이토 다르죠. 엄마에게 받은 은혜를 계산적으로 양육비로 환산한다든가 하는 얄팍한 생각이라서 엄마의 몸과 일체화되어 몸

나는 엄마가 힘들다

으로 느끼는 딸들과는 조금 다릅니다.

다부사 그래서 저는 남자와 그런 얘기를 나누면 마음이 개운치 않아요. 여자와 대화를 나누면 금세 분위기가 달아올라서 "맞아, 맞아, 엄마는 '너를 위해서'라고 하지만 다 자기가 좋아서 하는 거잖아", "경험자가 아니면 이렇게 대화가 통할 리가 없지, 즐거웠어~" 하고 대화가 끝나는데 남자의 경우는 최종적으로 저만 바보가 돼요. "다부사 씨는 엄마를 증오할지 몰라도 저는 엄마를 좋아해요"라며 '너와 나는 다르다'고 완고하게 선을 그으려고 하죠. 그럴 때면 "아니, 나도 엄마를 좋아해. 증오하지 못해서 이렇게 괴로운 거라고!" 이렇게 쏘아붙이고 싶어져요.

사이토 아마도 서로 공감하지 못하는 거겠죠.

해방의 계기

사이토 하지만 지금 고민하는 사람이 보기에는 다부사 씨도 과거를 극복한 성공 사례라고 할까, 희망일 거예요. 엄마가 건 주술에서 벗어날 수 있었던 최고의 계기는 무엇이었다고 생각하세요? 완벽하지 않을 수도 있겠지만 일단 벗어난 사람으로서 해줄 수 있는 조언이 있습니까?

다부사 나는 엄마가 생각하는 대로 사는 사람이 아니다, 엄마가 바라는 대로 말하고 행동하지 않아도 된다, 아닌 건 아니라고 말해도 괜찮다는 걸 깨달아야 한다는 점일까요?

사이토 엄마가 이상하다는 걸 깨닫지 못하면 '지배'에서 벗어날 수 없겠군요. 일단 자각하는 것이 중요하겠네요. 당시에는 롤모델이 될 만한 사람도 없었을 텐데, 자기객관화도 엄마에게서 벗어나는 데 도움이 되었나요?

다부사 네, 그렇죠.

사이토 모녀 관계에 대해 책을 쓰면 "그런 일은 어디에나 있어", "문제 삼는 것 자체가 이상해"라고 말하는 사람이 꼭 나옵니다. 하지만 그런 생각들 때문에 결국 엄마가 이상하다는 걸 깨닫지 못하고 괴로워하는 사람이 주변에 아주 많아요. 그러다 보니 다소 도발적이더라도 '독친毒親(독이 되는 부모)', '엄마 죽이기'처럼 강하게 표현하지 않으면 모르는 사람은 죽었다 깨나도 모르겠다 싶어요.

다부사 저도 그렇게 생각해요. 최근에는 그런 현상을 사람들에게 알리려는 의도인지 TV에서도 모녀 문제를 다루고 있어요. 다만 TV에 등장하면서 본질이 흐려졌다는 생각도 들어요.

사이토 좀 더 자세히 설명해주시겠어요? 어떤 면에서 그렇게 느꼈나요?

다부사 2012년 무렵 TV 취재가 갑자기 늘어나면서 모녀 문제가 다양한 방식으로 연출되어 방송되었고 그런 흐름을 타고 제 책 《엄마를 미워해도 될까요?》도 TV 프로그램에 소개되었습니다. 하지만 대부분이 엄마를 향해 "당신은 독모(독이 되는 엄마)가 되고 있지 않습니까?"라는 경고의 메시지만 날린 채 끝나버려요.

'독모'라는 말은 딸이 괴로움을 자각하는 데 도움이 된다고는 생각해요. 엄마가 이상한 것도 사실이지만, 그보다는 싫은 걸 싫다고 생각하지 못하는 것, 싫은 걸 싫다고 인정하지 못하는 게 더 이상하니까요. 그걸 깨닫기 위해서는 일단 엄마가 나쁜 사람이어야 하는데, 그걸 자각할 때 유용한 말이라고 생각합니다.

사이토 그렇군요. 깨달음의 계기가 되는 말을 실체화한다는 말씀이네요.

다부사 엄마와 매일 통화하는 사람도 제가 보기에는 엄마와의 통화가 그 사람의 인생에 크게 영향을 미친다고 생각해요. 그렇다고 해서 타인이 그 사람에게 "너희 엄마, 독모야"라고 굳이 말해줄 필요는 없죠. 자각하지 못한 사람은 그냥 내버려두면 돼요. '독모'라는 말은 당사자가 스스로 괴로움을 느끼고 그 괴로움을 자각할 때 쓰기 유용한 말이라는 거죠. 그런데 TV에서 모녀 문제를 다루면서 "당신은 독모입니다"라느니, "독모가 되고 있지는 않습니까?"라면서 화살을 엄마에게 돌려요. 저는 그런 짓은 무의미하다고 생각해요.

사이토 중요한 지적입니다. 그 부분을 함께 묶어서 이야기하지 않으면 일부 지식인처럼 "그런 엄마를 독모 취급하라"라는 엇나간 방향으로 흐르게 되죠. 다부사 씨의 설명을 들으니 납득이 되는군요.

다부사 TV 방송은 시청률이 중요하잖아요. 그래서 위협적인 어조로 "이렇게 숨을 조이는 건 위험하다"라든가 "이것은 암의 징조"라고 호들갑스럽게 말하나 싶기도 해요.

사이토 알기 쉽게 설명하거나 실체화해야 하는, 다시 말해 말로 섬세하게 전해야 하는 이야기는 TV와 어울리지 않는 면이 있지요.

모녀 문제는 관계성의 병리라서 객관적으로 드러나기 어렵고 무리해서 가시화했다가는 딸의 버릇없음으로 왜곡되어

비쳐질 위험성도 있어요. 그래서 만화나 글이 더 적당하다고 생각합니다. 그편이 훨씬 생생하게 묘사되고 이해하기도 쉽죠. 마음의 현실이랄까, 마음속 본심은 영상보다 글로 표현할 때 더 선명하고 이해하기 쉽습니다.

그런데 다부사 씨는 갈등이 있었는데도 어머니에게서 벗어날 수 있었습니다. 특별한 계기가 있었습니까?

다부사   누구의 편도 들지 않던 아빠가 확실하게 엄마 편을 든 것이 계기였어요. 지배에서 벗어나려면 '반전'이 일어나지 않도록 심하게 절망하는 과정이 필요한 것 같아요. 왜 '바닥치기底付き'●라는 말이 있잖아요. '더는 무리야', '더 이상 못 버티겠어' 하고 갈 데까지 가보지 않으면 부모와 떨어지기 힘들다고 생각해요.

저도 종종 지배하는 엄마, 지배받는 딸을 만나곤 해요. 그럴 때면 "당신, 딸한테 엄청난 짓을 하고 있어요. 딸은 아마 굉장히 괴로울 거예요"라거나 "매일 엄마와 통화할 필요 없어요"라고 말하고 싶어집니다. 하지만 당사자가 문제라고 인식하지 않으면 옆에서 아무리 뭐라고 해도 소용없어요. "엄

● 알코올의존증이나 약물중독 등의 질환을 설명하는 용어로 보통은 '갈 데까지 가서 자력으로는 도저히 빠져나올 수 없는 상태' 또는 그 상태를 거쳐 '회복되기를 바라는 상태'를 가리킨다.

마를 대하는 게 너무 힘들어", "독립하고 싶은데 그럴 수 없어"라고 푸념하는 사람을 보면 저도 모르게 '당장 집을 나오면 될 텐데'라고 생각하지만 '바닥치기'를 경험하지 않고서는 실제 행동으로 옮기기 어려울 거라 생각해요.

사이토 하지만 바닥을 치기 전이라도 엄마와 떨어져 지내면 엄마가 이상하다는 걸 깨달을 수 있잖아요. 그래서 거리 두기가 중요하다고 생각합니다. 책에도 쓰셨지만 다부사 씨도 예전 남자친구 다로 씨와 만나면서 처음으로 집을 나왔죠.

다부사 맞아요.

사이토 연애를 계기로 집 밖으로 나올 수 있었죠. 모녀 관계가 복잡하게 일그러진 경우 제삼자의 개입이 중요하다는 사실은 이미 많은 책에서 언급하고 있어요. 저도 이 부분이 아주 중요하다고 생각해요. 집을 나옴으로써 본인이 이상한 상황에 처해 있다는 걸 깨닫기도 하니까요.

다부사 얼마 전 상담사에게 거꾸로 상담을 해준 적이 있어요. "엄마와 떨어지지 못하는 사람을 엄마에게서 떼어내려면 어떻게 하면 좋을까요?"라고 묻더군요. 그런 경우 주변 사람이 개입할 필요가 있다고 생각해요.

사이토 다만, 떨어져 지내보라고 조언할 수는 있지만 억지로 떼어놓

나는 엄마가 힘들다

는 건 좋지 않아요. 자칫 조언한 사람 쪽으로 책임이 돌아갈 수 있으니까요. 힌트는 주되 최종적으로는 본인의 의지가 아니면 의미가 없어요. 그야말로 바닥을 쳐서 갈 데까지 가보는 것이 좋을지, 시험 삼아 집을 나가보는 게 좋을지는 별개의 문제지만요.

다부사 음, 제 경우는 은연중에 엄마 편을 드는 아빠의 말이나 행동이 바닥치기의 계기가 되었거든요. 그러니 아빠와 얘기해보는 것도 좋을지 모르겠어요.

사이토 네.

다부사 최근에 결심한 게 하나 있어요. 갖고 싶은 것이 있으면 사자. 제가 원하는 걸 엄마가 한 번도 사준 적이 없다 보니 무의식중에 이건 지금 나한테 어울리지 않아, 하고 스스로를 제지하곤 해요.

사이토 그거야말로 저주의 영향이군요.

다부사 그걸 물리적으로 풀어주는 것도 좋다고 생각해요.

사이토 그건 넓은 의미에서 인지행동치료적인 접근이라 좋은 방법이라고 생각합니다.

다부사 가고 싶은 곳에 간다거나.

사이토 엄마의 지배를 받은 딸은 자신을 위해 뭔가를 한다거나 욕

망을 실현하는 일 자체를 두려워하는 경향이 있어요. 그러
니 먼저 자신의 욕망을 발견하고, 갖고 싶은 것을 사고, 가고
싶은 곳에 가는 것, 모두 넓은 의미에서 치료의 효과가 있죠.
자립의 첫걸음이라고 할까요.

다부사 제 경우 빨간색과 파란색이 있으면 엄마가 좋아하는 파란색
을 사곤 했어요. 엄마는 늘 빨간색이 싫다고 했거든요.

사이토 빨간색을 싫어하시나요?

다부사 네, 촌스럽대요. 하지만 저는 빨간색을 좋아해요. 그래서 요
몇 년간은 빨간색 물건만 샀어요. 하도 빨간색만 사들이니
까 다들 "대체 얼마나 빨간색을 좋아하는 거야?"라고 물을
정도였죠. 하지만 그것도 처음에는 저주에서 벗어나기 위
해, 엄마에 대한 반동으로 가속이 붙었던 거죠. 그러다 기세
가 한풀 꺾이면서는 굳이 빨간색을 사려고 한 것이 아닌데도
자연히 그렇게 되었어요. 그걸 깨닫고 난 후에는 제가 좋아
하는 걸 사게 되었죠.

사이토 제가 우려하는 건 엄마와 반대로 하려다 거기에 강박적으로
매달려 거꾸로 지배를 당할 수 있다는 점이에요. 자신이 원
하는 것이 기준이 되어야 해요. 그게 우연히 엄마가 했던 행
동의 반대가 되는 거야 상관없지만 사사건건 엄마와 반대로

하려다 보면 오히려 영향이 남게 될 위험이 있어요.

다부사 와, 정말 그래요. 저도 이제 '엄마 같은 엄마는 되지 말자'는 생각을 포기했어요.

사이토 그게 핵심입니다.

자신의 몸과 마음을 직시할 것

사이토 그러고 보니 다부사 씨는 따님이 있지요. 지금 몇 살인가요?

다부사 이제 곧 두 살입니다.

사이토 직접 아이를 키워보니 어떤 생각이 들던가요?

다부사 지금《엄마도 사람이야》라는 제목의 육아 만화를 그리고 있어요.

사이토 그거 좋은데요.

다부사 그야말로 강요된 모성에서 해방되기를 바라고 그린 만화입니다. 그래서 남편과의 섹스나 갓난아기의 음부를 씻기는 법에 대해서도 그리고 있어요. 여자아이의 음부를 씻기는 법은 아무도 가르쳐주지 않거든요. 남자아이의 고추는 안쪽까지 씻기자고 잡지와 보건소에서도 가르쳐주는데.

사이토 어찌된 영문인지 여자아이에 관해서는 쓰지 않죠.

다부사 맞아요. 남자아이만 특집기사로 다루고 "엄마는 고추를 잘 몰라요"라는 표제가 들어가요. 반대가 아닌가요? 도리어 자신이나 다른 여성의 성기를 본 적 있는 엄마가 훨씬 적을 걸요? 그런데도 "당신과 똑같이 씻으면 됩니다"라고 대충 얼버무려요. 하지만 엄마 자신도 씻는 법을 배운 적이 없는 데다, 갓난아기와 어른은 전혀 달라서 다들 잘 모른다고요. 정보가 공유되지 않고 있어요.

사이토 그거 놀라운데요. 씻기는 방법이라는 기본 중의 기본이 공유되지 않다니.

다부사 결국 남자 산부인과 의사가 가르쳐주면 거꾸로 남자에게 배우는 일이 생기죠.

사이토 네에? 산부인과 의사가 올바른 성교육을 하고 있을지 걱정이 되네요.

다부사 저는 모든 여성이 '강요된 모성'을 그대로 받아들이는 이유가 자신을 똑바로 보지 않는 데 있다고 생각해요. 남성 심리나 자존심에 관해서만 공부하고 마음을 쓰지, 자신의 몸이나 마음, 욕망에는 무심해요. 자신의 욕망을 직시하지 않으니까 아이의 인생을 빌려서 자신의 욕망을 채우려 하기도 하

나는 엄마가 힘들다

고요. 즉 이 문제는 독모 문제와도 전부 연결되어 있어요. 여성을 그저 남성을 보살피는 존재로 보고, 남성에게는 책임을 지우지 않고 아버지가 방관자처럼 행동하는 것도 전부 관계되어 있죠.

하지만 그런 이야기를 맘껏 만화로 그리면서도 역시 마음속 한편에는 이 만화가 딸아이에게 영향을 주면 어쩌나 하고 걱정하는 제가 있어요. 딸이 고민하면 어떡하나, 아빠와 엄마가 중심인 어른의 이야기를 예민한 시기의 딸이 어떻게 느끼려나 불안해요. 엄마도 인간이니 아이를 위해 희생하지 않겠다는 이야기인데 만화를 보고 딸이 상처받으면 어쩌지, 과연 이 책을 내는 게 맞는 걸까, 엄마로서 아무 말도 하지 말고 그냥 가만히 있는 게 낫지 않을까 고민하게 돼요. 저 자신도 강요된 모성에서 자유롭지 못한 거죠.

사이토   많이 해방된 것처럼 보이지만 역시나 엄마로서 지는 막중한 책임감에서는 도망칠 수 없다. 뿌리가 깊군요.

다부사   그리고 거기에 남편은 없죠. 곰곰이 생각해보면 남편도 딸의 부모라서 딸이 엄마인 저에게 절망했다 해도 아직은 아버지라는 희망이 있는 거잖아요. 그런데 제 안에서는 딸이 저에게 절망하면 이제 딸의 인생은 없다는 식이 되어버려요.

사이토 머릿속에 엄마와 딸, 둘만의 관계가 굳어져버린 거군요. 어떻게든 남편분을 끌어들여야 할 텐데요.

다부사 그런 일이 생기면 딸을 남편에게 맡기겠다는 이야기를 마침 저희끼리 했던 참이에요.

사이토 그런 건 생각났을 때 바로바로 말하는 게 좋아요.

다부사 방관자 같은 아빠가 되지 않도록.

사이토 지금부터 확실하게 준비를 해놓으면 그렇게 되지 않겠지요. 책임을 분담해야 해요. 세간의 탓도 있고 교육 탓도 있을 텐데 역시 엄마는 막중한 책임감을 느끼는 반면 아빠는 잘 느끼지 못하니까요. 아버지는 어쨌든 "돈을 벌어다 주면 된다" 라는 변명을 할 수 있잖아요. 하지만 아이가 사춘기를 지나면 돈을 버는지 아닌지는 중요하지 않아요. 오히려 얼마나 관계를 잘 맺었는지가 중요해집니다. 제대로 관계를 맺지 못하고 결국 아버지가 딸의 미움을 사서 외면당하는 일이 자주 발생한다고 해요.

다부사 선생님이 치료하는 은둔형 외톨이들도 무관심한 아버지를 둔 경우가 많나요?

사이토 대개는요. 그런데 아주 가끔 엄마 같은 아버지가 있어요. 파더콤플렉스와는 좀 다르다고 생각되는데, 엄마 같은 아빠와

나는 엄마가 힘들다

과도한 밀착관계를 맺습니다.

다부사 남자아이가요?

사이토 아니 아니, 여자아이가요.

다부사 아, 여자아이가….

사이토 남자아이들 중에는 없어요. 아버지를 몹시 따르는 남자아이가 한 사례 정도 있었지만 나머지는 거의 아버지에게 반발심을 느꼈어요. 딸의 경우에는 아빠를 무작정 싫어해서 밀어내는 타입이 흔하고요. 그리고 엄마를 하인처럼 부리죠. 방에서 한 발자국도 나가지 않아서 식사를 나르게 하는 등 역으로 부모를 지배하게 됩니다.

다부사 아이가 아버지의 위치가 된다는 뜻인가요?

사이토 그렇다기보다 아이의 자리에서 그대로 엄마를 지배하는 겁니다.

다부사 갓난아기 상태로 말이군요.

사이토 맞아요. 나를 갓난아기처럼 대하라, 그런 느낌입니다.

다부사 저는 둘째 아이를 가지려고 생각 중인데, 남자아이를 낳는다는 건 전혀 상상할 수가 없어요.

사이토 남자아이를 키우고 싶다고 생각한 적이 없나요?

다부사 참 신기하죠. 아이를 낳기까지는 딸을 낳는 게 두려웠어요.

엄마와 딸이라니, 여자끼리라 왠지 겁이 났는데, 이제는 여자아이가 아닐까 봐 불안해요.

사이토 그건 남자아이를 낳고 싶지 않다는 느낌인가요?

다부사 남자를 낳다니 상상도 못하겠어요.

사이토 상상하지 못하니까 불안한 게 아닐까요?

다부사 단순히 그럴지도 모르지요. 이름도 여자 이름만 생각해보게 되고.

사이토 그러면 일전에 신문 보도로 화제가 되었던 아들을 '연인'으로 여기거나 '아들에게 실연당했다'고 느끼는 사람●을 이해할 수 없겠군요?

다부사 저는 그게 굉장히 겁이 나요. 아, 괜찮으세요?

사이토 아니, 속이 좀 안 좋아서요. 옆에서 보기에는 그다지 바람직해 보이지 않아요.

다부사 하지만 그런 사람이 꽤 많지 않나요?

사이토 조금 안됐다는 생각도 들어요. 그 애정은 아마도 보상받지

● 2013년 5월 23일자 《아사히신문》 조간 생활면에 "아들에게 실연당한 엄마의 상심"이라는 제목으로 '작은 연인'이라 여겼던 아들이 반항기가 되어 태도가 냉담해지자 마치 '실연당한' 것처럼 마음 아파하는 엄마들에 대한 기사가 실렸다. 이 보도에 대한 반향으로 같은 해 같은 신문 6월 12일자 조간 생활면에 독자의 소리도 게재되었다.

나는 엄마가 힘들다

못할 테니까. 아무리 그리워하고 애태워도 아들은 아무것도 느끼지 못하고 엄마의 감정은 그대로 사라져버리죠. 그 애정은 전부 실연으로 끝날 수밖에 없어요. 연애와 한없이 가까운 감정이지요.

다부사 아이들끼리 노는 자리에 가면 아들을 키우는 엄마는 좀 달라요. 아이를 보는 눈이 사랑하는 사람을 보는 눈빛이에요. 그 모습을 보고 "어~" 하고 놀란 적이 있어요. 제가 두려운 건 아이에게 잡아먹히고 싶지 않기 때문인지도 몰라요.

사이토 실제로 그런 감정을 제어하지 못하는 엄마가 많은 것 같아서 문제는 문제에요. 서구와 달리 일본에는 엄마와 아들의 근친상간이 많다는 속설●이 있는데, 진위 여부는 제쳐두더라도 엄마와 아들이 '단순한 밀착관계'가 되기 쉬운 것은 사실입니다.

다부사 그렇죠.

사이토 미국처럼 아빠와 딸이라는 패턴은 거의 없어요.

다부사 대신 일본에서는 엄마와 아들이 그와 흡사한, 왠지 모를 기분 나쁜 기운을 풍기죠.

● 가와나 기미川名紀美의 소설《밀실의 엄마와 아들密室の母と子》이 기원이다.

사이토 엄마와 아들의 관계에도 문제가 있어요. 그래도 비교적 단순한 구도라서 모녀 관계에 비하면 불분명한 요소가 적지요.

다부사 확실히 그래요.

사이토 모녀 관계가 지금까지 가시화되지 않은 데에는 그런 이유도 있어요. 엄마와 딸의 특수성으로 보는 거죠.

다부사 역시 전혀 다르군요.

사이토 전혀 다릅니다. 지배 형태도 달라요. 그런데 다부사 씨는 집을 나올 때 '엄마가 불쌍하다'는 감정이 들지 않던가요?

다부사 많이 들었죠.

사이토 그렇게 심하게 당했는데도 그랬군요.

다부사 그 이유로 몇 년이나 집에서 완전히 독립하지 못한 느낌이었어요. 엄마가 불쌍한데 이래도 되나, 엄마를 버리고 나가다니 너무 심한 게 아닌가, 하고요.

사이토 그렇군요, 역시.

다부사 그렇지만 떨어져보면 정말 별거 아니에요. 엄마도 별 문제 없이 잘 지냈어요.

사이토 역시 떨어져보는 게 좋군요, 한번은.

다부사 아르바이트 같은 걸 할 때도 내가 그만두면 대신할 사람이 없을까봐 그만두지 못하곤 하잖아요, 그런 느낌이에요. 그만두고 나서야 왜 진작 그만두지 않았을까 후회하죠.

사이토 소용돌이 안에 있으면 아무래도 자신의 상황을 객관적으로 보기 어려우니까요.

다부사 네. 그래서 엄마가 불쌍해서 집을 나올 수가 없다는 사람의 말도 충분히 이해가 돼요.

사이토 떨어져 살아도 원격으로 통제받는 경우도 있는 걸요. 앞서 말한 매일 엄마에게 그날 있었던 일을 보고하는 사람처럼.

다부사 장갑 하나 고르는데도 엄마의 영향이 나오니까요. 완전히 떨어져 사는데도 '엄마라면 이게 낫다고 하려나'라고 생각하고 그걸 사는 사람이 정말 있어요. 질기게도.

사이토 어머니는 죽어도 저주는 남는군요.

다부사 네.

사이토 지배 방식도 밀착형과 원격 통제형, 혹은 어머니가 세상을 떠나도 말로만 자립이지 계속해서 저주를 따라가는 '자동 추적형'까지 다양하게 있다는 거네요.

다부사 정말 천차만별이에요.

사이토 하지만 다부사 씨는 좋은 모델을 제시했다고 생각합니다.

대담을 마치고

다부사 씨의 저서 《엄마를 미워해도 될까요?》는 귀여운 그림체와 달리 모녀간의 지독한 갈등이 생생하게 묘사된 걸작이었습니다. 엄마와 딸 모두가 자각하지 못한 채 지배-피지배의 수렁에서 빠져나오지 못하는 구도가 섬세하게 그려져 있어 남성 시점에서 모녀 문제를 이해하는 데 많은 도움이 되었습니다.

대담 중에도 언급했지만, 다부사 씨의 특이한 점은 스스로 해결책을 궁리했다는 점입니다. 정신과에서는 상대해주지 않는 모녀 문제를 어디에서 상담하면 좋을까? 자신이 처한 상황을 어떻게 객관적으로 바라보고 자각할지, 어떻게 해결책을 마련할지(다부사 씨가 말하는 '저주에서 벗어나기') 그 방법을 꽤 구체적으로 제시해주었습니다.

물론 아직 해결 단계에 이른 것은 아니지만 지금 수렁 안에서 어쩔 줄 모르는 '엄마의 딸'들에게 희망과 더불어 구체적인 지침을 주었다는 의미에서 아주 유익한 대화가 되지 않았나 생각합니다.

사이토 다마키

나는 엄마가 힘들다

"

엄마라는 낯선 사람을
문득 깨닫다

"

II

엄마라는
이상한사람

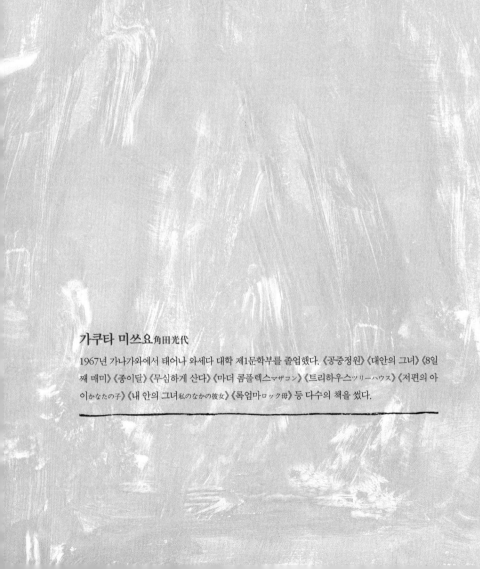

가쿠타 미쓰요 角田光代

1967년 가나가와에서 태어나 와세다 대학 제1문학부를 졸업했다. 《공중정원》《대안의 그녀》《8일째 매미》《종이달》《무심하게 산다》《마더 콤플렉스マザコン》《트리하우스ツリーハウス》《저편의 아이かなたの子》《내 안의 그녀私のなかの彼女》《록엄마ロック母》 등 다수의 책을 썼다.

모녀와 모자의 차이

사이토 오늘은 가쿠타 씨와의 대담을 앞두고 조금 긴장하고 있습니다. 저는 2008년에 《엄마는 딸의 인생을 지배한다》라는 책을 출간했는데 이 책은 남성의 시각으로 복잡한 모녀 관계를 별세계 바라보듯 쓴 책입니다. 남성인 저로서는 전혀 공감이 불가능한 세계로, 어째서 이런 일이 벌어지는 것일까, 도저히 이해할 수 없어서 문외한인 분야를 공부하듯 다양한 문헌을 읽고 논문을 쓰듯 엮었습니다. 책을 쓰는 내내 공감은 하지 못했지만 모녀 관계가 형성되는 과정을 어느 정도 정리했다고 생각합니다.

요즘에는 그렇게 신랄한 비판은 받지 않지만 남성의 시각으로 쓴 책이다 보니 여성 독자의 시점에서 보면 놓친 부분이 있거나 납득이 가지 않는 부분이 있을지 모릅니다. 그래서 여성과의 대담을 통해 그 점을 보완하고 싶었습니다. 특히 가쿠타 미쓰요 씨는 《마더 콤플렉스》●나 《8일째 매미》●● 등

● 엄마와 자녀의 심리를 섬세하게 묘사한 여덟 편의 소설을 모은 단편집이다. 〈파세리와 온천〉에서는 엄마의 병을 계기로 엄마의 사고방식과 그것이 자신에게 끼친 영향을 깨닫는 딸의 심리 상태를 생생하게 그려낸다. 〈둘이서 살기〉에서는 자신의 속옷을 엄마에게 보여줄 정도로 밀착관계에

엄마와 딸의 관계를 주제로 한 훌륭한 소설을 다수 집필하셨기에 꼭 이야기를 듣고 싶었습니다.

제 책《엄마는 딸의 인생을 지배한다》에서 저는 가쿠타 씨의 단편집《마더 콤플렉스》를 인용했습니다. 주로 〈파세리와 온천パセリと温泉〉과 〈둘이서 살기ふたり暮らし〉 두 작품을 예로 들면서 픽션의 힘을 빌려 모녀 관계로의 접근을 시도했습니다. 가쿠타 씨는《록엄마》•와《공중정원》••에서도 한 가족의 생활을 가족 구성원 각자의 시점에서 묘사하는 등 기상천외하면서도 실험적이라 할 만한 흥미진진한 시도를 합니다.

먼저《마더 콤플렉스》에 대한 것부터 묻고 싶은데요. 이 책은 엄마를 주제로 한 이야기만 묶어서 전편을 쓰려고 한 건가요?

가쿠타 네. 엄마를 테마로 단편을 썼습니다.

있는 딸(언니)과 엄마에게 반항하는 여동생이 대조적으로 묘사된다.
●● 불륜 상대인 남성과 그 부인 사이에서 태어난 갓난아기를 유괴하여 4년간 키운 여성의 도피 생활을 추격한 장편소설. 가족과 모성의 의미를 묻는 작품이다.
● 1992년부터 2006년까지 15년간 발표한 가쿠타 미쓰요의 대표작 7편을 수록한 소설집.
●● 교외의 주거단지에서 '남에게 숨길 만한 일은 하지 않는다'고 말하며 살아가는 가족의 진상을 폭로하는 연작소설. 할머니, 아버지, 어머니, 딸, 아들, 아버지의 불륜 상대까지 여섯 명의 시점으로 전개된다.

나는 엄마가 힘들다

사이토 가쿠타 씨의 집필 스타일에 관한 질문이 될 수도 있을 텐데요, 여러 글 중에 엄마를 모티브로 한 글만 모아서 편집한 것입니까, 아니면 엄마라는 테마를 정하고 거기서부터 쓴 단편인가요?

가쿠타 후자입니다. 엄마라는 테마로 한 잡지에 3개월, 반년씩 거의 3년 동안 썼는데 처음부터 엄마를 염두에 두고 썼습니다.

사이토 엄마를 모티브로 한 작품을 직접 쓰게 된 특별한 계기가 있었나요?

가쿠타 그건《마더 콤플렉스》를 쓰기 전으로 거슬러 올라갑니다. 미국의 여러 작가가 자신과 엄마의 관계에 대해 쓴 에세이를 묶은 책《엄마의 혼*Our Mothers' Spirit*》이 1999년에 번역 출간되었어요. 15명가량의 작가가 글을 썼죠. 저는 존 업다이크John Updik• 정도만 알고 있고 나머지는《타임》지의 기자 등이었습니다.

그런데 이 책의 작가가 거의 다 남성이었습니다. 다들 나이가 제법 든 작가들이라 대부분이 이미 세상을 떠난 어머니와의 관계에 대한 글이었죠. 좋은 책이지만 저는 이 책을 읽

• (옮긴이주) 미국의 시인 겸 소설가. 대표작으로《달려라 토끼》가 있다.

고 굉장히 위화감을 느꼈어요. 사랑이니 증오니, 그런 감정들이 너무 선명하다는 느낌이 들었거든요. '아들과 엄마'는 관계를 맺는 방식이 여성들과는 어딘가 달랐는데, 그게 아주 기묘하게 느껴져서 "아, 재미있는 테마가 될지도 몰라. 엄마를 주제로 소설을 쓰면 이 위화감의 정체가 분명해지지 않을까"라는 생각으로《마더 콤플렉스》단편을 쓰기 시작했어요.

사이토 저는 모자 관계는 단순한 반면 모녀 관계는 복잡하게 얽힌 경우가 많다고 생각합니다. 가쿠타 씨가 말하는 위화감이란 그 단순함에서 기인한 걸까요? 아니면 또 다른 뭔가가 있는 겁니까?

가쿠타 단순함도 있고 음… 또 하나는 관대함일까요?

《마더 콤플렉스》를 쓰는 동안 제 다른 소설《공중정원》이 영화화되었어요. 남자인 감독님은《공중정원》에 나오는 모녀 관계를 전혀 이해할 수 없다고 하셨지만 촬영 현장의 많은 여성 스태프들은 너무 이해가 잘 된다고 공감해주었죠. 그런데 차츰 촬영이 진행되면서 감독님도 이렇게 심오한 주제였다는 걸 이제야 알았다고 하시던 모습이 기억에 남습니다. 감독님과 얘기를 나누는 동안 문득 '남자는 기본적으로 여자보다 관대하다'는 생각이 들었습니다. 모자 관계에서는 남자

　　　　　　　　　　　　　나는 엄마가 힘들다

가 지닌 일종의 관대함 같은 것이 섞이게 됩니다. 어쩌면 그런 관대함이 여자에게는 없을지도 모른다고 생각했어요. 그게 제가 느끼는 위화감인 것 같아요.

사이토 '관대함'이라니 잘 이해가 되질 않는데요, 여러 가지가 있겠지만 물에 흘려보내듯 지나간 일은 없었던 것으로 하고 일절 탓하지 않는 그런 느낌입니까?

가쿠타 아뇨, 전혀 탓하지 않는 것은 아니지만 용서한다, 인정한다는 느낌의 관대함입니다.

사이토 '용서한다, 인정한다'라, 위선으로 미화된 느낌은 아니군요?

가쿠타 아니에요. 저는 이제까지 사귀었던 남자친구가 어머니에게 느끼는 감정과 두 사람의 관계를 보면서 여성이 느끼는 감정과는 다르다는 걸 깨달았거든요. 이건《엄마의 혼》을 읽은 후의 감상과도 비슷해요.

사이토 남성에게는 그런 관대함이 있군요. 엄마도 아들과 딸을 용서하는 방식이 다르고, 그것이 남성이 지닌 관대함의 원천이 되지는 않을까요?

가쿠타 그런 면도 있을 거예요.

사이토 반드시 그렇다고는 생각하지 않지만 엄마가 딸에게는 부정적으로 대한다든가,《공중정원》에 묘사된 것처럼 엄마가 큰

딸과 막내 아들을 다르게 대하는 집도 있지요. 엄마는 딸에게 더 특별한 감정을 느끼는 걸까요?

가쿠타 그런 것 같아요. 요리 연구가 야마모토 후미코山本ふみこ 씨가 잡지《오렌지페이지オレンジページ》웹사이트에 오랫동안 연재한 에세이를 보면 재미있는 에피소드가 나옵니다. 야마모토 씨가 5, 6학년 정도 되는 초등학생 딸아이의 학부모 모임에 참석하기 위해 학교에 갔는데, 선생님이 "자녀분의 좋은 점을 하나씩 말해주세요"라고 했대요. 그런데 "전부 다 좋습니다", "싫은 데가 없어요", "다정한 면이 좋습니다"라고 긍정적으로 말하는 사람은 모두 남자아이의 어머니였다고 해요(웃음). 반면 딸을 키우는 엄마들은 딸의 단점을 살짝 털어놓고 나서 "그래도 좋아해요"라고 했고요. 야마모토 씨는 "웃는 얼굴이 좋아요"라고 말했다는 에세이였습니다. 저는 아이는 없지만 뭔지 알 것 같았어요. 제가 초등학교 5학년 때 엄마가 "딸의 모든 게 다 좋아요"라고 했다면 기겁했을지도 몰라요.

사이토 기겁했을 거라는 느낌을 좀 더 자세히 설명해주시겠습니까?

가쿠타 저희 부모님은 쇼와昭和˙ 시대, 그것도 한 자릿수 해에 태어난 분들이라 '사랑한다'는 말은 할 줄도 모르는 데다 아주 엄

나는 엄마가 힘들다

해서 칭찬에 인색했어요. 그러니 상상할 수가 없죠.

사이토 그런 관계였으니 모두 긍정해줘도 곤란하다?

가쿠타 네, 곤란하다기보다는 어색하고 당황스럽달까요?

사이토 지금 하신 말씀은 아주 흥미로운데요. 왜 모녀 관계와 모자 관계가 다른지를 여실히 드러내는 이야기라고 생각합니다. 그리고 가쿠타 씨 본인이 공감했다는 거죠. 그것도 상상으로.

가쿠타 네, 그렇습니다.

사이토 가쿠타 씨에게 딸이나 아들이 있어도 같은 느낌이겠다는 상상이지요?

가쿠타 네, 그런 예감이 듭니다(웃음). 상상이지만.

사이토 엄마에게 아들은 이성이며 타자이고 먼 존재라서 일단은 전부 긍정할 수밖에 없는 게 아닐까 하는 생각이 드는데, 정말 모든 면을 좋아하는 걸까요?

가쿠타 그렇지 않을까요?

사이토 그런가요(웃음). 하지만 상대의 모든 면을 좋아하는 인간관계라니 좀 이상한데요? 가쿠타 씨는 어떻게 생각하세요?

가쿠타 하지만 전부 좋아한다고 착각하게 만드는 존재는 있잖아요.

● (옮긴이주) 20세기 일본 연호의 하나로, 쇼와 일왕의 통치기인 1926년 12월 25일부터 1989년 1월 7일까지를 가리킨다.

사이토 엄마에게 완전히 긍정받는다는 건 기본신뢰감basic trust이라고 해서 인간이 살아가는 데 필요한 기본적인 감각이지요. 그래서 중요하다고 생각하는데 여성은 조건부 긍정을 받게 된다는 거죠?

가쿠타 맞아요.

사이토 그건 너무 가혹한데요? 다들 엄마 품에서 자라니까요. 태어나면서부터 핸디캡을 지는 게 아닙니까?

가쿠타 그렇죠.

사이토 반대로 이점도 있을 것 같은데요. 그러니까 이른 단계에서 온전히 긍정받지 못하는 데서 오는 이점이요.

가쿠타 네, 물론 있다고 생각합니다. 자신에 대해, 관계에 대해 좀 더 깊이 생각하게 되잖아요. 선생님의 책 제목이 《엄마는 딸의 인생을 지배한다》인데요, 저는 초등학교 4, 5학년 무렵부터 아이가 자신의 인생관에 대해 자각한다고 생각해요. 엄마가 자녀를 대하는 방식이 아이가 살아갈 인생에 100퍼센트 영향을 끼친다고는 생각하지 않지만 솔직히 많은 부분 영향을 준다고 생각합니다. 아버지보다 훨씬 더요.

가족관에 대한 의문

사이토 무례한 질문을 하나 하자면, 가쿠타 씨의 작품에 나오는 모녀 갈등 중 실제 경험에서 차용한 부분도 있나요? 작품 속 모녀 관계에는 본인의 일상이나 내면적 감정이 어느 정도 투영되었을 것 같은데요.

가쿠타 실제 경험이냐고 물으시면 그건 아니에요. 하지만 감정적인 면은 반영되었을 거라고 생각해요. 어디까지나 기본 토대일 뿐이지만요.

사이토 실제 경험의 연장선상에서 쓴다…. 그리고 보니 예전 인터뷰에서 《대안의 그녀》●를 집필할 즈음부터 실제 경험과는 다른 세계를 구축하는 방향으로 집필방식이 변했다고 하셨는데, 그 계기는 무엇입니까? 작법이 변한 이유가 뭐죠?

가쿠타 《대안의 그녀》를 출간하기 전에 《공중정원》을 썼는데 구제 데루히코久世光彦●● 씨가 쓴 그 책의 서평을 읽고 좋은 의미에서 큰 충격을 받았어요. 그래서 바꿔야겠다고 생각했죠. 음, 제 감정이나 관념, 지금의 위치에서 더 파고들어서 보다

● 여사장과 전업주부인 두 여성의 우정과 균열을 담은 장편소설.
●● (옮긴이주) 다수의 TV 드라마를 제작·연출한 연출가이자 작가.

깊숙한 곳에서 바라본 것을 써보자는 생각이 부글부글 끓어 오르던 시기였기 때문에 구제 씨의 서평이 몹시 납득이 갔어 요. 그래서 의식적으로 바꾸려고 한 거예요.

사이토 서평은 어떤 내용이었습니까?

가쿠타 "《공중정원》을 아주 재미있게 읽었다. 이 책에서는 한 가족 의 거짓말이 줄줄이 폭로된다. 하지만 폭로를 한 후에 별다 른 해결책 없이 다 거짓말이었어, 이렇게 잔혹해, 하고 끝나 버리기 때문에 읽고 나면 그래서 어쩌라는 거야, 하는 기분 이 든다"라는 내용이었습니다. 제 안에서 부글부글 끓어오 르던 생각과 "그래서 어쩌라고"라는 말이 부딪쳐 '여기서 한 발 더 나아가지 않으면 안 돼, 내 소설은'이라고 생각했어요. 지금보다 더 앞으로 나아가기 위해서는 현재의 위치나 감정, 관념에 구애받아서도 안 되고, 좀 더 거리를 두고 끊어내지 않으면 안 되겠구나, 하는 생각도 했습니다.

사이토 "그래서 어쩌라고"라는 말은 부정적인 뉘앙스로 들릴 수도 있는데 그렇게 받아들이지 않았군요.

가쿠타 부정적이었죠. 하지만 아주 좋은 평이었어요. 타당한 비판 이 담긴 아주 좋은 글이었습니다.

사이토 저는 《공중정원》이 아주 재미있었어요. 가족 구성원 각자의

시점이 모두 서술되어서, '덤불 속藪の中'• 같다고 할까, 진상이 어디에 있는지 모르는 세계를 그린 점이 꽤 모험적으로 느껴졌거든요.

가쿠타 고맙습니다.

사이토 인터뷰에서 밝히셨는데 가장 힘들었던 부분이 할머니의 시점이라고 하셨죠. 이 부분은 완전히 픽션인 거군요.

가쿠타 그렇습니다.

사이토 이런 말은 좀 그렇지만 다들 속았다고 할까, 실제 경험을 바탕으로 쓴 글이 아니라는 점에서는 그렇게 현실적인 내용은 아니었던 거네요.

가쿠타 네, 실제 경험이 아니니까요.

사이토 이런 작법으로 써보자, 그랬던 거군요. 《공중정원》도 내면을 억지로 열고 쓴 건가요?

가쿠타 네, 그래요. 《공중정원》을 쓰기 전에는 제 안에 현 일본의 가족관에 대한 의문이 있었기 때문에 이야기를 만들어내기보다는 제 자신의 의심이나 혐오, 분노 같은 것을 조금 강하게

• (옮긴이주) 아무것도 보이지 않는 덤불 속이라는 의미와 1922년에 발표된 아쿠타가와 류노스케芥川龍之介의 동명 단편소설을 중의적으로 가리킨다. 소설 〈덤불 속〉은 복수의 시점에서 동일한 사건을 그리는 내적 다원 초점 기법으로 쓰인 작품이다.

드러냈어요.

사이토 이 책의 주제 자체는 밝다고 할 수 없습니다. "무엇이든 서로 털어놓자"라고 하지만 다들 어두운 생각만 하고, 그런 부분에 대해서는 서로 알지 못해요. 잔혹하다고 하면 잔혹하게 묘사되는데, 그런 면이 현실적이라고 생각했습니다.

그중에서도 특히 모녀 갈등, 그러니까 외할머니와 엄마의 관계가 인상적입니다. 엄마가 이상적인 가정을 꾸리려고 애쓰는 이유가 실은 외할머니의 가혹한 양육방식 때문이었죠. 저도 모녀 갈등은 그런 식으로 대물림되는 것이 아닌가, 하는 가설을 세웠는데요, 이에 동의하십니까?

가쿠타 네, 그렇게 생각하고 또 실감하고 있어요. 제가 아주 어렸을 때부터 엄마와 외할머니 사이는 그리 좋지 않았고 엄마는 외할머니가 "너무 싫다"고 말하곤 했습니다. "네 외할머니는 성미도 급하고 자식도 돌보지 않는다", "자기가 좋아하는 일만 한다"고요. 외할머니는 당대 시대극 스타로 유명했던 배우 하세가와 가즈오長谷川一夫의 팬이었는데 그를 보기 위해 집안일을 내팽개치고 며칠이나 집을 비우곤 했어요(웃음). 엄마는 틈만 나면 "나는 방치된 채로 자랐어"라고 말했죠.

엄마는 워킹맘이었는데도 집에서 요리를 해먹었어요. 꼭 직접 만들었죠. 아마도 집안일을 내팽개치고 하세가와 가즈오를 보러다녔던 외할머니를 보면서 "나는 무슨 일이 있어도 애한테는 음식을 만들어 먹일 거야"라고 결심했던 것 같아요. 그렇게 해서 엄마가 손수 만든 음식만 먹던 제가 성인이 되어 혼자 살게 된 후로는 돼지고기와 소고기의 차이도 잘 모르고 패스트푸드만 먹으면서도 행복해하죠. 이런 상황도 모두 대물림되는 모녀 갈등이 아닌가 하는 생각이 들어요. 이것도 어떤 의미에서는 건전하다고 생각하지만.

사이토 이유를 알 것도 같은데요, '건전하다'는 말의 의미를 좀 더 자세히 설명해주시겠어요?

가쿠타 정상이라고 할까요? 자라면서 엄마와 한집에서 함께 지내다 보면 말은 물론 사고방식까지 엄마를 보고 배우게 되죠. 좋고 싫고와는 별개로 몇 십 년이나 함께 살았으니 엄마에게 아무런 영향도 받지 않으면 그게 오히려 정상이 아니라는 생각이 들어요. 엄마의 말을 그대로 받아들이든 반발하고 거스르든 어느 쪽으로든 영향은 받는다고 생각해요.

사이토 영향을 받는 게 정상이라는 말씀이죠. 무슨 의미인지 알 것 같습니다. 그렇다면 가쿠타 씨는 기본적으로 가족을 긍정적으로 보십니까?

가쿠타 가족에 대한 생각이 지금은 조금 달라졌는지도 모르겠어요. 《공중정원》을 쓰기 전에는 일본의 일반적인 가족관 같은 것이 못마땅했어요. 가족이란 아주 좋은 것이고 아름다워야 마땅하다는 생각이 필요 이상으로 만연해 있다고 느꼈거든요. 그런 생각은 광고에서 기인했는지도 모르겠어요. 식후에 한집에서 커피를 마시거나 부부가 술을 마시는, 너무나도 '단란한 가족상'이란 실은 광고에 의해 아무렇지도 않게, 그리고 너무나도 뿌리 깊게 현대 일본인의 가족관에 침투되어 있다는 생각이 들었어요.

사이토 동감합니다. 결혼과 가족이 대중매체에서는 이상적으로 그려져도 보는 쪽은 저런 건 거짓말이고, 현실은 완전히 다르다는 걸 다들 알고 있죠. 그런데도 그런 광고에 영향을 받는 이유는 뭘까요?

가쿠타 '좋아 보여서'인 것 같아요. 단순히 유행하는 드라마를 보고 '저런 연애를 하고 싶다'고 바라는 것과 다르지 않겠죠. 최근 사이토 선생님의 책이나 노부타 사요코 씨의 《엄마가 부담스러워 견딜 수 없어母が重くてたまらない》 같은 책이 출간되고 있고 모녀를 주제로 한 소설이나 에세이도 차츰 나오고 있죠. 하지만 얼마 전까지만 해도 "엄마가 너무 싫어"라거

나 "우리 가족이 너무 싫어"라고 선뜻 말할 수 있는 분위기는 아니었어요. 왠지 그런 말을 꺼내면 안 되는 분위기가 있었죠. 그래서 힘들었던 사람이 아주 많지 않았을까요?

사이토 지금은 편하게 말할 수 있나요?

가쿠타 말하기 쉬워졌다고 생각해요. 특히 사노 요코佐野洋子● 씨의 《시즈코 상シズコさん》은 "엄마가 너무 싫다"고 그 어떤 책보다 시원하게 말하고 있죠(웃음). 물론 그 말에는 애정도 담겨 있겠지만 이런 글이 세간에 받아들여진 건 거의 최근의 일이 아닌가 합니다.

사이토 사노 요코 씨는 어떻게 보면 무적의 위치에 있어서 무엇이든 써도 된다고 생각합니다만, 《시즈코 상》은 특히나 굉장하죠. 저는 책을 통해 딸만이 느끼는 책임감과 죄책감에 대해 설명했는데, 딸들은 엄마를 증오해서 멀리하고 버리려 하지만 시간이 지나면 자신의 행동에 죄책감을 느낍니다. 그래서 엄마를 증오하면서도 "만일 전쟁이 일어나면 엄마를 업고 도망칠 거야"라고 말하는 사람이 나오죠. 그런 걸 보면 정말로 뿌리 깊은 '업'이 있는 것 같습니다. 가쿠타 씨도 이런

● (옮긴이주) 일본의 동화작가이자 수필가. 《100만 번 산 고양이》, 《아저씨 우산》, 《사는 게 뭐라고》 등 다수의 책을 썼다.

점을 객관적으로 이해하고 있겠죠?

가쿠타 그렇습니다.

사이토 아버지와의 관계에서는 그런 느낌을 받지 않나요?

가쿠타 네, 아무래도 엄마와의 관계에서보다는 덜 한 것 같아요.

사이토 일본은 가족주의가 여전히 강하게 남아 있어요. 그래서 가족을 거스르는 존재는 두드려 맞고 반대로 가족주의를 보강해주는 존재는 인정받습니다.

2004년에 이라크에서 인질이 되었던 일본인 세 사람●이 있잖아요. 세 사람 모두 엄청난 비난을 받았는데 저는 그 정도로 나쁜 행동은 아니었다고 생각하거든요. 그런데 범죄자 이상으로 맹비난을 받았어요. 그들은 모두 독신이었고 가족을 버리고 이라크에 갔다는 반反가족적인 측면이 있었다고 생각합니다.

거꾸로 난봉꾼이라 해도 가족을 소중히 하는 사람은 칭송받습니다. 제 머릿속에 제일 먼저 떠오르는 사람들이 권투선수 가메다 형제●●에요. 안하무인이지만 이들의 부자 관계가

● 2004년, 이라크 무장 세력이 일본인 3명을 납치·구속하고 일본에 '자위대 철수'를 요구한 사건. 일주일 후 세 사람은 풀려났으나 피난을 권고했음에도 이라크에 들어간 세 사람에게 책임을 묻는 비판의 목소리가 쏟아졌다.

나는 엄마가 힘들다

사람들의 호기심을 불러일으켰고 적어도 데뷔 당시에는 꽤 긍정적으로 받아들여졌어요. 세간의 논리란 기본적으로 가족주의라서 가족을 붕괴시키려 하면 반드시 강한 반발이 일어납니다.

단, 가족을 완전히 부정해도 되는가를 묻는다면 그렇지 않아요. 가쿠타 씨도 말씀하셨지만 압도적인 힘으로 엄마에서 딸로 전해지는 것이 있어요. 그게 중요합니다. 지금은 가치관이 그런 형태로밖에 전해지지 않아요. 교육으로도 제도로도 무리입니다. 따라서 하나의 가치를 서로 공유하려면 어머니와 딸의 관계 등을 통하는 수밖에 없어요. 가족을 부정하는 건 소용없는 일이에요. 가족의 유대는 강하니까요.

서로를 이해하지 못하는 남녀의 거리

사이토 《공중정원》에 등장하는 각각의 시점에 대해서 말하자면, 남

●● (옮긴이주) 가메다 고키龜田興毅, 가메다 다이키龜田大毅, 가메다 도모키龜田和毅를 가리킨다. 아버지의 뜻에 따라 권투에 입문한 삼형제가 모두 세계챔피언 타이틀을 획득해 기네스북에 오르며 인기몰이를 했으나 각종 기행과 거만한 태도, 반칙 등으로 사회적 물의를 일으켰다.

성에 관해서는 별로 흥미가 없었나요? 아버지와 아들의 시점에 대해서는 어떻게 생각하십니까?

가쿠타 아버지답지 않은 아버지를 쓰려고 했기 때문에 그 점은 편했어요.

사이토 소설에 등장하는 아버지는 부성이 체현된 존재가 아니지요.

가쿠타 네.

사이토 가쿠타 씨의 소설에는 무책임하게 도망치는 남성이 많이 나오는 것 같습니다(웃음). 남성에 대한 인식이 그런 걸까요?

가쿠타 아마도 그런 남성을 사랑하나 봐요(웃음). 멋진 남자는 소설에서는 그다지 매력이 없어요. "굳이 소설에 나오지 않아도 되잖아"라고 생각하게 돼요. 예를 들면 주인공이 힘들게 고민하다가도 멋진 남성이 나타나면 "됐어, 이걸로 고민 해결"이라는 기분이 들어요. 그래서 소설을 쓸 때는 멋진 남성에게 매력을 느끼지 못해요.

사이토 확실히 소설의 등장인물로는 힘들겠군요. 여러 가지 장애나 갈등이 있어야 이야기가 만들어질 테니까요. 아들이 1인칭으로 말하는 부분은 쓰기 어렵지 않았습니까?

가쿠타 그건 괜찮았어요.

사이토 어떤 이유에서 그런가요?

나는 엄마가 힘들다

가쿠타　소설을 쓰기 시작하면서 저는 같은 세대의 여성을 주인공으로 쭉 써왔는데 어느 날 화자를 바꿔서 남성의 시점에서 써보기로 마음먹고 고민을 많이 했어요. '할 수 있을까' 부터 시작해서 거짓말 같다고, 여성스럽다고 하면 어떡하지 하고요. 그렇게 충분히 고민하고 결론을 내렸기 때문에 저보다 어린 남성의 시점으로 글을 쓰는 것이 지금은 그렇게 부담되지 않아요.

사이토　그런가요? 그 깨달음이란 게 남녀가 그다지 다르지 않다는 뜻인가요?

가쿠타　완전히 다르고 도저히 서로를 이해하지 못하는 골이 있을 거라고 생각해요. 다만, 예를 들어 누가 하이힐로 발등을 세게 밟았을 때 "아야!" 하고 소리를 지르는 건 남자나 여자나 같잖아요? 그런 감각으로 쓰면 되지 않을까 생각했어요. 공통점을 찾는 데서부터 써보면 되겠다고. 다행히 소설 속 남성이 남자답지 않다거나 그런 소리를 들은 적은 없어서 아직은 괜찮나보다, 하고 생각해요.

사이토　실제로 한심한 남성의 내면이나 사춘기 소년의 내면 묘사는 굉장히 리얼해서 전혀 위화감이 들지 않았습니다. 이게 소설가의 상상력이구나, 납득이 되면서도 한편으로는 어떤 식으로 상상할까 의문을 떨칠 수 없었습니다. 남성인 제 관점으로는 모녀 관계가 그 정점이라 할 수 있는데 여성에 대해서는 도무지 잘 모르겠어요. 가쿠타 씨는 남성에 대해 이건 잘 모르겠다, 하는 부분이 없습니까?

가쿠타   있어요. 저는 특히 가족이 모두 여자고 쭉 여학교에 다녀서 사춘기 남자아이를 접한 적이 없다 보니 도중에 어딘가에서 멈춰버린 느낌이 있어요. 서로 이해하지 못한다고 해야 할지, 가깝게 느껴지지가 않아요.

사이토   서로 이해하지 못하는 부분은 무엇일까요? 욕망의 본질 같은 걸까요?

가쿠타   사고방식이랄지 상황에 대처하는 방식이랄지.

사이토   상황에 대처하는 방식이 다르다?

가쿠타   네.

사이토   그런 점에서 위화감을 느끼셨군요. 《마더 콤플렉스》에는 〈둘이서 살기〉라는 아주 훌륭한 단편이 실려 있습니다. 제가 이해하기로는 엄마와 딸은 서로 결속될 때 감각을 공유합니다. 〈둘이서 살기〉를 보면 여자끼리는 '쇼핑을 하면 뭔가 좋은 일이 일어날 것 같은 느낌'을 공유하지만 남성에게는 '이 사람이 뭘 알겠냐'는 식으로 말하는 인상적인 장면이 나

나는 엄마가 힘들다

오는데요. 그 저변에 남녀의 거리가 있다고 느끼셨나요? 감상적인 면은 여성끼리만 공유할 수 있다거나.

가쿠타 네.

사이토 그 차이는 지금까지의 체험을 통해 자연스레 터득한 건가요? 그렇지는 않겠지요.

가쿠타 꼭 그렇지는 않아요.

사이토 남성의 둔감함이 어쩌면 구원이 될 수도 있겠다는 생각이 들었어요. 그런 점도 있습니까?

가쿠타 네, 있어요.

사이토 여자들끼리는 서로를 지나치게 이해하는 면이 있죠.

가쿠타 함께 집이라는 울타리를 쌓아온 관계였다고 해도 성인이 되어 타인과의 관계가 늘어나면 자연스레 가족의 유대는 붕괴됩니다. 특히 이성교제가 굉장히 중요한 역할을 하는 것 같아요. 〈둘이서 살기〉에서는 일정한 연령대를 넘긴 주인공이 이성과의 관계를 거부함으로써 집과 엄마가 정한 규칙에 얽매여 있는 상황을 쓰고 싶었던 것 같아요.

사이토 서로 감각이 그 정도로 일치하게 되면 답답함도 느끼게 됩니다. 방금 전에도 얘기했지만 엄마가 아들을 긍정한다는 관점에서 말하자면 엄마가 아들의 모든 부분을 '100퍼센트 좋아하는 것'은 일방적인 감정에 불과합니다. 아들은 그런 엄마의 감정 따위 전혀 돌아보지 않아요. 일방통행 '짝사랑'으로 끝나게 되죠. 실제로는 오히려 엄마와 딸이 100퍼센트에 가까울 정도로 감각을 공유하고 밀착관계에 이를 만큼 규칙을 공유한다고 생각합니다. 가쿠타 씨는 이런 상황에 처한 적이 없나요?

가쿠타   없습니다.

사이토   그러면 이런 일도 있을 수 있겠다, 하고 상상하거나 그런 경험을 했던 사람의 이야기를 듣고 쓴 건가요?

가쿠타   네. 예전에 '일란성 모녀'•라는 말이 있었잖아요. 아마 그런 게 아닐까 상상했던 것 같아요.

밀착된 모녀 관계의 이면

사이토   '일란성 모녀'라는 말은 제가 모녀 관계의 본질을 도저히 이해할 수 없어 힘들었을 때 중요한 힌트를 준 고마운 말이에

• 상호의존관계에 있는 엄마와 (사춘기 이후의) 딸을 일컫는 용어다. 사이가 좋아서 손을 잡고 다니고 서로 옷을 빌려 입는 등, 밀착관계에 있는 모녀를 표현한 말로 1990년대 이후 널리 퍼졌다.

나는 엄마가 힘들다

요. 특히 몸이 동일시되는 현상은 일반적인 부자 관계에서는 있을 수 없는 일이라 상상하기가 가장 힘들었습니다. 가쿠타 씨도 소녀 시절에는 그런 느낌을 받았었나요?

가쿠타　저는 느낀 적이 없지만 그런 현상을 쓰고 싶어서 생각해낸 것이 〈둘이서 살기〉의 속옷을 보여주는 장면이었습니다.

사이토　신체감각을 통한 결속 같은 거군요.

가쿠타　저는 읽으면서 속이 메스꺼워지는 모녀 관계를 쓰고 싶었어요. 밀착형 엄마를 묘사하면서 "뭘 하면 이상해보일까?", "뭘 하면 혐오스러울까? 어떤 행동을 하면 기분이 나쁠까?"를 고민하다 속옷 차림의 모습을 부모에게 보여주는 장면을 떠올리곤 "으아, 이건 아니야"라고 생각했어요. 그래서 썼습니다.

사이토　"이건 아니야"라니 잡지 같은 데서 그런 에피소드를 본 건가요, 아니면 본인이 직접 생각해낸 겁니까?

가쿠타　제가 직접 생각해냈어요. 엄마에게 하는 행동 중 제일 혐오스러운 게 뭘까 하다가요. 어쩌다 같이 온천에 가서 옷을 갈아입다 보는 거면 몰라도 마음먹고 산 고급 속옷을 걸치고 "엄마 봐봐"라고 한다니 소름끼치잖아요.

사이토　너무나도 있을 법한 에피소드라서 분명 잡지 같은 데서 따왔을 줄 알았는데 그런 식으로 상상에 이르다니 놀랍네요.

엄마가 딸의 연애에 함부로 끼어들어서 이래라저래라 간섭한다는 얘기는 자주 들었지만 딸이 더 적극적이라는 점이 그로테스크하면서도 인상적이었습니다. 게다가 사이가 좋지만 그게 지속되지는 않잖아요. 특히 엄마가 세상을 떠난 후에 더 그런 인상을 풍기죠. 이건 스포일러인데, 속옷을 입고 거울을 보는 장면은 상징적이면서도 수수께끼 같은 느낌을 줍니다. 여기서 굳이 해석은 하지 않겠습니다만 이 장면은 〈둘이서 살기〉를 쓰기 시작했을 때부터 염두에 두었던 이미지인가요?

가쿠타 〈둘이서 살기〉는 읽고 나면 기분 좋은 이야기는 아니에요. 뒷맛이 쓰죠. 다만 주인공을 단순히 엄마와 밀착된 인물로 마무리하면 너무 답답하고 가혹하고 불쾌한 소설이 될 것 같아서 그러지는 말자고 생각했어요. 주인공도 조금은 앞으로 나아갔으면 하는 마음속 바람이 있었죠. 출구를 찾기를 바라는 마음이랄까? 엄마는 어쨌든 나보다 먼저 죽을 수밖에 없어요. 주인공이 그 후에 어떻게 살 것인가를 물을 때, '희망'이라고는 절대 말할 수 없지만 그래도 엄마가 아닌 다른 쪽으로 시선을 돌리게 해서 출구를 찾아주고 싶은 마음이 강하게 들었습니다.

나는 엄마가 힘들다

사이토 〈둘이서 살기〉에는 "그리고 그런 상상을 할 때, 나는 이겨서 의기양양해진 기분이 되었다. 엄마가 아니라 뭐랄까, 내 인생에"라는 문장이 나옵니다. 이겨서 의기양양한 느낌이란 엄마와의 관계에 국한되지는 않겠지만 권력 투쟁과 같은 뉘앙스도 있나요?

가쿠타 이 주인공의 경우는 엄마에게 복종하잖아요. 그래서 결혼도 포기했으니 그런 부분도 있다고 생각합니다.

사이토 "엄마가 아니라 내 인생에"라는 구절 말인데요, 소설을 보면 주인공의 인생 자체에 엄마가 깊숙이 개입합니다. 이렇게 되면 어디서부터 어디까지가 자신의 인생인지 구별이 힘들 것 같습니다. 대개 모녀 사이에는 딸을 전혀 칭찬해주지 않고 늘 부정적인 말만 하던 엄마가 막상 급할 때는 딸에게 기대면서 일어나는 갈등이나 반대로 간섭이 지나쳐 딸에게 온 편지를 전부 열어본다거나 전화가 오는 족족 엿듣는다는 식의 갈등이 대다수입니다. 〈둘이서 살기〉는 밀착관계의 이면에 있는 어둠이 어쩌면 당사자도 깨닫지 못하는 형태로 잠재해 있다는 걸 보여준다는 점에서도 획기적이라고 생각합니다. 도중에 주인공의 여동생은 지나치게 간섭하는 엄마에 대한 반발심으로 가정을 꾸립니다. 그래서 자식도 일절 간섭하지 않고 방임하죠. 언니는 그 모습을 보고 엄마에 대한 반항이라는 형태로 엄마에게 지배받고 있다고 여동생을 동정합니다. 흔히 모녀 문제라고 하면 여동생의 경우만 압도적으로 다루어지고 언니에 대해서는 잘 묘사되지 않았어요. 글을 쓰기 시작했을 때, 세간에서 흔히들 얘기하는, 이해하기 쉬운 모녀 갈등이 아닌 그 이면에 있는 어둠을 보여주고 싶었던 건가요?

가쿠타 네, 맞아요. 20대 후반부터 30대 중반까지 저는 친구들에게 엄마에 대한 이야기를 많이 들었어요. 개중에는 엄마를 좋아하고 존경하고 엄마의 가치관이 최고라고 생각해서 그걸 열심히 말하고 다니는 애들도 있었죠. 그런 아이가 나중에 '이건 내 가치관이 아니었다'고 깨닫고 돌연 부모를 증오하거나 이상하게 변했다는 이야기를 실제로 들은 적이 있어서 그런 면도 고려했습니다.

사이토 가까이에 그런 예가 있었습니까?

가쿠타 네.

사이토 엄마에게 광신적으로 지배를 받다가 갑자기 깨달은 겁니까?

가쿠타 깨달은 사람도 있고 깨닫지 못한 사람도 있어요. 깨달은 사람은 많이들 힘들어했어요.

나는 엄마가 힘들다

사이토 지금까지 엄마에게 복종하며 살아온 인생이 무가치하다고 느껴서일까요?

가쿠타 자신을 부정하기보다 엄마를 부정하는 느낌입니다. 당시 '어덜트 칠드런adult children'●이라는 말이 굉장히 유행했는데 너도 나도 "난 어덜트 칠드런이야"라고 밝히는 식이었어요 (웃음).

사이토 '어덜트 칠드런'은 유행어처럼 여기저기 쓰인 경향이 있는데, 이런 말은 감염성이 강해요. 특히 지금, 부모님과의 관계가 원만하지 않은 사람은 분명한 이유가 없는 경우 대개 부모의 양육방식을 탓하기 쉽습니다. 이 말에는 장점도 있지만 해석하기에 따라서는 어떤 가정에나 있는 문제를 학대로 확대시켜 볼 위험도 있어요.

일반적으로 '어덜트 칠드런'의 문제는 부모에게 조건 달린 애정밖에 받지 못하는 데서 기인합니다. 조건 달린 애정이란 '성적이 잘 나오면 사랑해줄게', '착하게 굴면 사랑해줄게'라는 메시지를 보내는 것이죠. 그렇지만 평범한 부모들도 그 정도의 속마음은 내비치거든요. 그게 정말 조건부 애정

● 부모로부터 신체적·정신적 학대를 받고 자라 성인이 된 후에도 트라우마를 안고 있는 사람을 일컫는다. 일본에서는 1980~90년대에 유행어로 퍼졌다.

이었는지 아닌지는 모르지만 나중에 돌이켜 생각해보면 '그 말은 그런 뜻이었구나'라는 식으로 해석되는 면이 있어요. 그래서 단숨에 어덜트 칠드런 인구가 늘고 엄청난 혼란이 야기된 거죠. 확실히 이때 모녀 문제의 상당 부분이 전면에 드러났는지도 몰라요.

오해가 없도록 말해두자면 어덜트 칠드런이란 말은 본래 알코올의존증에 걸린 부모 밑에서 자라 트라우마를 가지게 된 성인을 가리키던 말이에요. 어른스러운 아이라는 의미가 아닙니다. 학대받는 환경에서 자라서 자기 책임의 범위를 알지 못하게 된, 혹은 자신의 욕망을 어떻게 실현하면 좋을지 알지 못하게 된 경우를 일컫는 말입니다. 단어가 유행하면서 지나치게 확대 해석된 경향이 있습니다. 이 단어의 가장 중요한 기능은 '깨달음'을 주는 것이라고 생각합니다. '어덜트 칠드런'이란 말을 통해 엄마에게 지배받고 있다는 걸 깨닫고 거기에서 빠져나왔다면 이 단어가 긍정적으로 기능한 예가 되겠지요. 그래서 그 친구는 행복해졌을까요?

가쿠타 엄마 이야기를 들려준 친구가 한 명이 아니라 여러 명이고 지금은 만나지 않는 친구도 있어서 다는 몰라요. 하지만 몇몇은 깨닫고 나서 엄마에게서 빠져나올 때까지 힘들어했어

나는 엄마가 힘들다

요. 엄마를 증오하기도 하고요. 하지만 40대에 접어들고 나면 어떻게 되든 상관없다고 생각하지 않을까요? 진짜 어덜트 칠드런이 아니니까요. "엄마가, 엄마가" 하던 태도도 일상에 쫓기다 보면 이젠 아무래도 상관없다고 생각하게 될 것 같습니다.

엄마와 떨어져도 죄책감은 남는다

사이토 지배 혹은 주술 관계에서 벗어나려면 일단 따로 사는 선택지도 있다고 생각하는데 직접 겪어본 가쿠타 씨는 어땠나요? 어머니에게서 멀어지면 영향력이 줄어듭니까?

가쿠타 저는 스무 살에 집을 나왔는데 엄마의 영향력이 제게 작용했는지와는 별개로, 엄마는 제 일에 사사건건 간섭하는 사람이었어요. 딸의 인생을 컨트롤하고 싶어 했죠. 당시에는 그걸 의식하지 못했던 터라 그게 독립의 이유는 아니었지만요. 어쨌든 스무 살에 혼자 살겠다고 말했을 때, 엄마가 울면서 안 된다고 하는 걸 뿌리치고 나왔어요. 일단 나오고 나니 거리가 생기고 관계도 아주 좋아졌고요. 30대를 전후로 엄마에게 질려 "엄마 좀!" 하고 멀어졌다가 다시 가까워지기를 되풀이하긴 했지만요.

사이토 어머니의 태도가 변해서인가요?

가쿠타 아뇨, 태도를 바꾼 건 엄마가 아니라 저였어요. 한번 거리가 생기니까 안심하고 '엄마, 의외로 재미있네, 너무 좋아' 하고 가까워졌다가 '역시 아니야'라는 마음이 되어서 다시 거리를 뒀죠.

사이토 딸이 거리를 두려고 하면 두게 해준다?

가쿠타 네.

사이토 이야기를 들어보니 어머님에게 상당한 지배력이 있었던 것 같은데, 혼자 살기 시작한 때가 스무 살이라면 87년 무렵의 일이군요?

가쿠타 네.

사이토 인터뷰를 보니까 어머님이 돈다발을 한 뭉치 건네면서 "이걸로 살아봐"라고 했다던데?

가쿠타 그건 좀 더 나중의 일이에요.

사이토 비교적 시원하게 보내준 느낌인데, 경제적으로 압박한 적은 없었나요?

가쿠타 네, 없었습니다.

사이토 그런 어머님이 냉정하다고 생각하지는 않았나요?

가쿠타 아니요, 엄마도 제가 집을 나가니까 뭔가 깨달은 바가 있었던 모양인지 '내가 가까이 있으면 너무 간섭하게 된다'거나 딸에게 기대게 된다는 걸 의식하고 공포를 느꼈던 것 같아요. 본가를 처분할 때 본가에 있던 제 그림이니 작문집이니 사진 같은 걸 "전부 네 집으로 가져가" 하고 보냈거든요. 그때 엄마는 엄마 나름대로 "기대면 안 돼"라는 심정이 아니었나 생각합니다.

사이토 어머님이 자연스럽게 그런 식으로 생각하게 되었다는 말이군요.

가쿠타 네. 너무 선선히 보내줘서 저도 처음에는 '싸움을 거나'라고 생각했어요(웃음). 하지만 자세히 들어보니 '이제 각자 생활이 있으니 따로 살자'라는 생각이었다는 걸 알 수 있었어요.

사이토 그 의도에 대해 설명을 해주지 않으셨나요?

가쿠타 "각자 착실히 생활을 해나가자"라고는 말해주었어요.

사이토 말씀대로 갑자기 당하면 '싸움을 거나?'라고 느끼게 되겠지요. 크게 충격을 받는 사람도 있을 텐데 비교적 냉정하게 해석하셨군요.

가쿠타 저는 금세 마음이 편해졌어요. 집을 나올 때 엄마가 울면서 매달려서 '나쁜 짓을 했구나'라고 느꼈거든요. 그래서 "너는 너를 관리해, 각자의 인생이 있으니까"라는 말을 들었을 때 '이제 신경 쓰지 않아도 되겠구나. 혼자서 잘 살면 되겠구나'라는 생각이 들어서 편해진 부분이 있어요.

사이토 제 책《엄마는 딸의 인생을 지배한다》에서 저는 모녀 관계를 복잡하게 만드는 요소 중 하나가 딸의 죄책감이나 책임감, 책 속의 말을 빌리자면 '마조히스틱 컨트롤'과 같이 엄마가 평생을 희생해서 딸에게 죄의식을 안겨주고 그것을 공유하려는 구도라고 지적한 바 있습니다. 그게 아들에게는 전혀 통하지 않는데 어찌된 영문인지 딸은 거기에 속박되는 경향이 있어요. 물론 개인차는 있겠지만요. 이야기를 들어보니 가쿠타 씨는 그런 면에서는 아주 깔끔하군요.

가쿠타 네. 하지만 집을 나오고 나서 얼마 동안은 저도 죄책감에 시달렸어요.

사이토 뭐 하나 딱히 나쁜 짓을 하지 않았는데도 말이죠….

가쿠타 정말 그래요(웃음).

사이토 그 죄책감의 정체는 대체 뭘까요? 가장 이해가 안 되는 부분이에요.

가쿠타 방금 하신 말씀을 듣다 "아아" 하고 납득한 부분이 있습니다.

나는 엄마가 힘들다

예를 들어 엄마가 제게 잘해주었던 기억을 떠올릴 때, 거기에는 독특한 감정이 있어요. '아 참 재미있었는데'라거나 '즐거웠었지'라는 느낌에 더해 애달픔과 같은 플러스알파. 예전 남자친구가 자기 엄마와 관련된 일화를 얘기해준 적이 있는데, 그저 단순히 아름다운 추억으로 말하더라고요. 그때 '남자들은 이렇게 생각하는구나' 싶었어요. 이게 아까 말했던 단순함이라고 생각하는데요. 여성의 경우는 좋은 기억을 떠올릴 때 뭔가 독특한 감정이 있어요. 그 독특한 감정이 죄책감으로 직결된다는 생각이 들어요.

사이토   그게 핵심이군요. 그 독특한 감정은 애달픔일까요?

가쿠타   애달픔이랄지 그리움이랄지. 엄마에 대한 감정이기도 하지만 거기에 더해 '그때 그 시간으로는 돌아갈 수 없구나'라는 느낌이랄까.

사이토   중요한 지적이에요. 시간이 지나고 나서야 깨닫는 부분도 있는 것 같아요. 남성이 어머니에 대해 느끼는 고마움이란 마땅히 그래야 한다고 하는, 다분히 이성적으로 생각하는 부분이 많아서 다소 작위적이죠. 진심으로 고마움을 실감하지 못하고 죄책감도 느끼지 못하죠. 그런 한계가 있어서 오히려 아름다운 효심이라는 미담이 성립될 수 있는 게 아닐까

합니다. 일본에서 효도라고 하면 노구치 히데요野口英世●의 어머니 시카의 편지나 사사카와 료이치笹川良一●●의 동상이 자연스레 떠오르는데, 그러다 보니 '남자의 사모곡' 같은 게 효도의 원형처럼 되어버렸어요.

말씀을 들어보니 핵심이 되는 순수한 모자 관계의 정수는 오히려 모녀 관계에 있지 않나, 그런 생각이 듭니다. 아주 흥미로운 지점이에요. 모녀지간에는 애달픔이 공유된다는 말씀이시죠?

가쿠타 완전히 똑같지는 않아도 엄마도 느낄 거라 생각합니다.

엄마는 모르는 것

사이토 《공중정원》을 보면 다양한 시점에서 이야기가 펼쳐지는데,

● (옮긴이주) 일본의 세균학자. 매독 병원체인 스피로헤타를 발견하고 말년에 아프리카에서 황열병을 연구하다 황열병으로 사망했다. 전 생애에 걸쳐 헌신적인 태도로 훌륭한 업적을 쌓아 '일본의 슈바이처'로 추앙받는 인물이지만 알려진 그의 업적 중 몇몇이 거짓으로 판명되어 논란이 되었다. 어머니 노구치 시카의 아들을 향한 헌신적인 사랑과 뒷바라지도 큰 화제가 되었다.
●● (옮긴이주) 일본의 정치운동가이자 사회활동가이다. 자신이 설립한 각 기념관과 시설에 나이든 어머니를 업고 785개의 석단을 오르는 자신의 모습을 표현한 효자상을 세웠다.

나는 엄마가 힘들다

모녀 문제에 있어서는 주로 딸의 시점으로 전개되지요.《마더 콤플렉스》의 〈파세리와 온천〉과 〈둘이서 살기〉만 봐도, 딸의 시점에서 이야기가 진행됩니다. 하지만 중간중간에 엄마의 시점이 나와서 반성하거나 후회하죠. 보통은 모녀 문제를 말할 때, 대체로 분노하는 쪽은 딸이고 엄마는 그걸 자각하지 못하는 느낌이었거든요. 그런데 가쿠타 씨의 소설을 찬찬히 읽어보니 '엄마가 참 많이 고민하고 있구나'라는 신선한 인상을 받았습니다. 엄마도 갈등하고 있다고 생각하십니까?

가쿠타 저희 엄마는 후회가 많은 사람이었으니 그렇지 않을까요.

사이토 가쿠타 씨와의 관계에서도 어머님이 후회한 적 있나요?

가쿠타 저와의 관계는 아니지만 "그때 이렇게 해버렸네"라거나 "이런 짓을 저질렀다니", "이걸 해주지 않았구나"라고 나중에 후회하는 타입이었습니다.

사이토 후회하는 엄마와 그렇지 않은 엄마가 있다는 뜻입니까?

가쿠타 그렇지 않나요? 끝까지 자각하지 못하는 경우와 뭔가를 계기로 자각하는 경우가 있지요. 제가 그때 계속해서 본가에 살았다면 아마 엄마도 저도 자각하지 못했을 거예요.

사이토 〈둘이서 살기〉의 어머니는 어떤가요?

가쿠타 자각하지 못하는 쪽이죠.

사이토 자각할 수 있느냐 없느냐는 그 사람의 성격이나 캐릭터일까요? 머리로 생각할 수 있는 부분은 절대 아닌 것 같은데요.

가쿠타 그렇죠, 환경이라든지.

사이토 그런 걸 통해 자각하게 되는 것일까요. 몇몇 단편밖에 읽지 못했습니다만 가쿠타 씨의 작품 근저에는 인간이란 영문을 알 수 없는 데가 있다는 공포가 있는 것 같아요.

가쿠타 네, 맞아요.

사이토 소설집《후쿠부쿠로福袋》*에는〈상자 아주머니箱おばさん〉라는 수수께끼 같은 단편이 수록되어 있습니다. 갑작스레 떠맡은 상자를 열어보니 신발이 나온다는 이야기지요. 저는 데이비드 린치David Lynch** 감독의 영화를 좋아하는데 그의 영화를 볼 때와 같은 이상한 느낌을 받았어요. 소설 속 아주머니가 특별한 사람이어서라기보다 인간은 누구나 어두운 면이 있다는 뉘앙스로 읽혔거든요.

● 일상에 잠재된 수수께끼와 불가해한 행동을 그린 여덟 편의 연작소설집.〈상자 아주머니〉는 주인공 여성이 낯선 '아주머니'로부터 정체 모를 종이상자를 맡아달라고 부탁받고 고민하는 이야기다.
●● (옮긴이주)〈이레이저 헤드〉〈엘리펀트 맨〉〈블루 벨벳〉 등을 연출한 미국의 영화감독. '컬트의 왕'이라는 별칭으로도 유명하다.

나는 엄마가 힘들다

가쿠타 네. 인간이라면 누구에게나 자기 자신도 모르는 부분이 있다고 자주 생각합니다.

사이토 《공중정원》에서도 그런 성향이 드러나요. 엄마의 비밀이 나오는 부분을 읽다 보면 아주 놀라게 되는데, 그에 비하면 남성의 비밀 같은 건 귀엽게 느껴지죠.

가쿠타 제가 인간이란 영문을 알 수 없는 데가 있다고 생각한 계기가 바로 엄마였어요. 저는 어느 정도 나이를 먹을 때까지 엄마는 엄마라고 쭉 생각했거든요. 엄마는 처음부터 엄마였다고. 그러던 어느 날 엄마가 되기 전의 엄마가 있었다는 걸 깨달은 거예요. 게다가 엄마의 과거가 어땠는지 저는 전혀 모르죠. 기분이 이상했어요. 엄마가 아닌, 엄마가 되기 전의 사람도 있구나, 하지만 그 부분은 내가 절대 알 수 없겠구나, 라는 걸 깨닫고 흠칫 놀랐죠. 그날 이후로 단순하지 않은 인간에, 또 영문을 알 수 없는 인간에 더 끌렸는지도 몰라요. 만약 그걸 아빠를 통해 깨달았다면 알 수 없는 남자들에 대해 좀 더 썼을지도 모르죠.

사이토 똑같이 영문을 알 수 없다고 해도 남성과 여성 사이에 차이가 있다고 생각하십니까?

가쿠타 저는 그런 차이를 아주 감상적으로 포착하기 때문에 그 느낌을 언어화하기는 힘들지만 뭔가 있긴 있다는 생각이 듭니다.

사이토　남성의 시점에서 말씀드리자면 똑같이 영문을 알 수 없다고 해도 남성에게는 알기 쉬운 면이 있어요. 본심은 알 수 없지만 쉽게 이해하고 정리할 수 있는 부분이 있는 것 같습니다. 방금 아주 중요한 문제를 짚어주셨는데, 어머니와 할머니라는 존재는 처음부터 쭉 그런 존재였을 것이라는 인식이 널리 퍼져 있습니다. 그런데 그런 존재에게 의외로 어두운 면이 있어서 놀라곤 하지요. 어머님을 '한 개인'으로 이해하는 것은 중요한 포인트라고 생각합니다. 만화가 요시나가 후미よしながふみ 씨의 작품 《사랑해야 하는 딸들愛すべき娘たち》에 비슷한 이야기가 나옵니다. 외할머니, 엄마, 딸 삼대에 걸친 이야기로, 엄마에게 억압받고 괴로워하던 딸이 어느 날 깨달아요. 엄마가 한 사람의 불완전한 여자라는 사실을. 그리고 그제야 엄마의 억압에서 해방됩니다.

엄마는 그저 '엄마'이기만 한 것이 아니다, 한 개인이기도 하다, 그런 깨달음인 거죠. 가쿠타 씨에게는 이 깨달음이 어떻게 찾아왔습니까? 수수께끼 같은 부분에 닿았기 때문인가요?

가쿠타　네. 그렇다고 생각합니다.

사이토　그러면 그 느낌이란 일종의 해방감이었습니까?

　나는 엄마가 힘들다

가쿠타 해방감이었다고 생각합니다.

사이토 특히 모녀 관계를 고민하는 사람에게 그 느낌을 어떻게 자각하게 하느냐가 치료 주체인 저에게는 매우 중요해요. 깨달음의 계기를 주려면 어떻게 해야 할까요? 말이나 설득만으로는 부족하다고 생각합니다. '엄마의 존재가 절대적인 사람'에게 엄마도 한계와 속박을 느끼는 한 개인에 불과하다는 인식을 주려면 어떻게 해야 할까요?

가쿠타 엄마의 결혼 전 이야기를 하면 좋을 것 같아요. 저는 그랬으니까요.

사이토 어머님에게 그런 이야기를 들었군요. 이건 어머님에게도 굉장히 도움이 되는 부분입니다.

가쿠타 하지만 그건 전적으로 감각에 달렸어요. 분명한 인과관계나 논리적인 절차를 거쳐 알게 되는 게 아니라 갑자기 문득 자각하거나 이야기를 듣고 스스로 느껴야 해요. 그 순간의 컨디션이나 나이, 환경, 인간관계, 모든 게 엄마와의 관계와 복잡하게 얽혀서 어느 지점까지 도달하지 않으면 안 되죠.

사이토 그렇군요. 저도 동의합니다. 어느 집에서도 "엄마의 결혼 전 이야기를 해보자"라는 분위기가 쉽게 형성되지는 않을 테니까요. 그건 무의미하다고 할까, 그야말로 작위적이네요.

《공중정원》을 보면 엄마가 "이 집에 비밀은 없다"라는 슬로건을 내거는데 결과적으로 그 딸은 자신이 어디에서 수정되었는지를 듣고 썩 유쾌한 반응을 보이지는 않죠. 그런 의미에서《공중정원》이라는 제목이 상징적인데, '이래야 한다'라고 처음부터 너무 제약을 만들어놓아도 문제가 생깁니다. 《공중정원》에 나오는 고백이란 뭔가를 숨기기 위한 고백이에요. 중대한 비밀을 감추기 위해 작은 비밀을 폭로하는 느낌이랄까. 그러다 보니 고백에는 진실성이 떨어지고 엄마에게만 유리한 고백을 하기 때문에 고백이 별 의미가 없어요. 어떤 타이밍에 어떤 이야기를 하든지 말이에요. 하지만 하나의 힌트는 될 것 같아요. 불완전한, 지금과는 다른 엄마의 얼굴을 볼 수 있다는 점에서 엄마의 결혼 전 이야기는 아주 중요하다고 생각합니다.

가쿠타 저는 서른 살 이후부터 엄마와 여행을 다니게 되었어요. 떨어져 살아서 1년에 한 번씩은 여행을 가요. 하지만 여행할 때마다 정말 화가 나요(웃음). "이 사람은 왜 이러는 걸까?" 하고. 엄마도 일상에서 벗어나서인지 말도 안 되는 얘기를 꺼내곤 해요. 결혼 전의 이야기도 그렇지만 갑자기 여성성을 드러내질 않나 "캔 뚜껑이 안 따져" 하고 어리광을 부리질 않

나는 엄마가 힘들다

나 좀 이상해져요(웃음). 저도 평소에는 떨어져 사니까 '이 양반이 이렇게 이상했나' 싶어 짜증이 나죠. 여행이 일상에서의 탈출이다 보니 평소와 다른 엄마를 보면서 저도 평소와 다른 행동을 하거나 화를 내거나 '역시 이런 점은 맞지 않아' 하고 깨닫게 되는데, 그건 여행이라서 가능했다고 생각해요. 여행지에서는 '내년엔 다신 안 와'라고 생각하지만 여행에서 돌아오면 죄책감도 조금 느껴서 '어른스럽지 못하게 엄마를 상대로 왜 화를 냈을까?'라고 반성하며 다시 여행을 갔죠. 그래도 엄마와의 여행은 저 자신에게도 좋았던 것 같습니다.

사이토 가쿠타 씨도 화를 내는군요?

가쿠타 서른 중반 무렵부터는 저도 어른이고 엄마도 어린 시절에 느꼈던 것과는 달리 슈퍼우먼이 아니라 평범한 노친네라는 걸 깨달은 터라 참으려 애쓰고는 있지만 간혹 부딪칠 때가 있어요(웃음).

사이토 상상이 되네요(웃음). 가쿠타 씨가 화를 내도 주변에서 잘 알아차리지 못한다는 얘기를 인터뷰 어디에선가 본 적이 있거든요. 내심 화가 나도 겉으로 표현하기 어렵다면서….

가쿠타 그건 상대가 완전한 타인일 때의 얘기죠. 밖에서 만난 업무

관계자 같은.

사이토 어머님에게는 다 드러낸다?

가쿠타 물론이죠(웃음).

사이토 결국 죄책감이 또 다시 여행을 가게 만든다는 건가요?

가쿠타 네. 죄책감도 있고 '이번에는 절대 불평하지 말자'라거나 지기 싫은 마음도 있고요(웃음). 여행이 조금 재미있기도 해서 '참 즐거웠지' 하는 기분이 다음 도전으로 이어지기도 합니다.

사이토 어머님이 돌아가시던 때의 일도 에세이에 쓰셨는데, 그 후에도 감사하는 마음이나 원망이 사라지지 않고 계속 남았다는 부분이 인상적이었습니다. 그 마음에는 변화가 없습니까?

가쿠타 없어요. 아까 말했던 《엄마의 혼》처럼 엄마가 세상을 떠나면 "정말 사랑했는데" 하고 통곡하거나 "이렇게 증오하는데 쉽게 용서가 될 것 같아?" 하고 원망하는 등 감정이 흑백으로 선명하게 정리될 거라고 생각했는데 그렇지 않았어요. 여전히 좋은 면도 있고 싫은 면도 있습니다. 제가 아는 엄마는 극히 일부분이고, 사실은 정체 모를 한 인간이 아니었을까, 그런 생각은 엄마가 살아 있을 때와 마찬가지로 지금도 하고 있어요.

사이토 아마도 그런 깊은 유대가 모녀 관계의 특징이겠지요. 그런

나는 엄마가 힘들다

점에서도 남성은 단순해서 어머니가 세상을 떠난 순간을 기점으로 아무런 미련 없이 방관자적 스토리를 지어낼 수 있습니다. 그런 점이 확연히 다르죠. 가쿠타 씨의 경우 아버지가 돌아가신 후 느꼈던 상실감이나 감정 변화가 어머님을 여의었을 때와는 달랐나요?

가쿠타 아빠는 제가 열일곱 살 때 세상을 떠나셨어요. 말이 참 없으셨던 분이라 깊은 대화를 나눈 기억이 거의 없죠. 그러다 보니 엄마와는 좀 다른 의미에서 '어떤 사람이었을까'라는 의문이 들곤 해요. 물론 아버지와 이야기를 나눈 적도 있지만…. 지금 생각해보면 제가 열여덟 살 때 사귄 친구를 아버지보다 더 오래 본 거잖아요. 그렇게 생각하면 17년이란 시간도 짧게 느껴져요. 게다가 아버지는 정말 말이 없던 사람이었기 때문에 엄마를 여의었을 때와는 달리 '좀 더 알 기회를 잃었다'라는 느낌이에요. 물론 아빠도 엄마도 제가 모르는 부분을 지닌 사람이긴 하지만 좀 더 알 기회가 있었으면 좋았을 텐데, 하는 아쉬움은 아빠 쪽이 더 큽니다.

사이토 커뮤니케이션의 밀도가 다르다?

가쿠타 네.

모성은 본능인가

사이토 《8일째 매미》도 어떤 의미에서는 모녀를 테마로 한 책이라고 생각하는데요, 불륜을 저지르고 불륜 상대의 자식을 유괴해서 도망친 어머니가 결국 체포됩니다. 후반에는 딸의 시점에서 이야기가 전개되지요. 이 책은 어떤 계기로 쓰시게 된 건가요?

가쿠타 선생님도 저서에 비슷한 이야기를 쓰셨는데, 첫 번째 계기는 모성에 대한 의문이었습니다. 모성이 본능적인 건지, 여자라면 누구나 갖고 있는 것인지, 아니면 후천적으로 길러진 것인지. 그리고 그 생각이 제 안에서 '본능은 아니지 않을까?'라는 분노와 짝을 이루게 되었습니다. 이것이 소설의 핵심입니다. 이 핵심을 어떻게 소설로 만들지 구상할 때, 낳은 엄마지만 모성을 느끼지 못하는 여성과 핏줄로 이어져 있지 않지만 모성이 넘치는 여성을 떠올렸습니다. 이때 제가 생각한 '모성'은 재능과 같은 느낌입니다. 그리고 당시 "여자는 아이를 낳는 기계"라는 실언●도 있었는데, 여성의 출산이 당

● (옮긴이주) 보건고용노동부에 준하는 부서의 부처장을 지낸 정치인 야나기자와 후쿠오柳澤伯夫가 "여자는 애 낳는 기계"라는 발언으로 사회적 물의를 일으킨 사건을 가리킨다.

나는 엄마가 힘들다

연시되는 풍조도 여전히 남아 있잖아요, 그에 대한 의문도 있었습니다.

사이토 아주 중요한 부분이라고 생각합니다. 모성 신화가 그런 관계를 밖에서부터 옥죄고 있는 것 같습니다. 가쿠타 씨는 '타고난 모성이란 건 없다'는 입장이군요.

가쿠타 정확하게는 모릅니다. 하지만 여성이라면 누구나 모성이 있다는 통념에는 개인적으로 심한 반발심이 들어요.

사이토 그렇군요. 저도 본능설이 학문적으로는 입증된 바 없다고 책에 썼습니다. 정신분석학 역시 인간에게 본능이란 존재하지 않는다는 것을 전제로 하기 때문에 그 직감은 옳다고 생각합니다. 다만 본능은 아니지만 모녀는 정서적 감정뿐 아니라 신체적 감각까지 많은 부분을 공유하며 유대를 쌓기 때문에 빼도 박도 못하는 관계가 되는 것 같다고 썼어요. 그런 의미에서 모성이란 후천적으로도 만들어질 수 있는 것이며 그래서 가족이 아닌 여성이 '엄마'가 되어도 무방하다고 저는 책을 통해 줄곧 주장해왔습니다. 유사 가족 같은 공동체를 만들어도 좋다고 말이죠. 그래서 가쿠타 씨의 지적에 전적으로 동감합니다.

마지막으로 묻겠습니다. 앞으로 소설로 쓰려고 염두에 둔 주제가 있습니까?

가쿠타 있습니다. 나이가 들면서 관심사도 달라졌어요. 이혼이나 출산, 육아 등으로요. 주변을 둘러보면 세상이 참 많이 변했다는 인상을 받아요. 저에게도 갱년기가 올 테고요(웃음). 엄마와 딸을 포함해 다양한 각도에서 글을 쓰게 될 것 같아요. 아마 여성이란 주제에서는 크게 벗어날 수 없겠지만요.

사이토 가쿠타 씨의 경우 자신의 경험을 토대로 소설을 쓰는 것이 아니라 일단 경험을 증류하고 추상화한 후 전혀 다른 이야기로 변형시킵니다. 그 점이 참 대단하게 느껴집니다. 부디 앞으로도 여성에 대한 다양한 수수께끼를 풀어주세요. 오늘 인터뷰에 응해주서서 대단히 감사합니다.

가쿠타 고맙습니다.

나는 엄마가 힘들다

대담을 마치고

소설이란 상상력이나 경험만으로는 쓸 수 없습니다. 자기 안에 있는 경험에서 튼 싹을, 상상력이란 함수식에 대입해 결과물을 얻어냅니다. 가쿠타 씨의 소설은 분명 그런 식으로 쓰였을 겁니다. 《마더 콤플렉스》나 《8번째 매미》와 같은 걸작을 실제로 경험하지 않고도 쓸 수 있었던 데에는 그러한 배경이 있었을 테지요. 이번 대담에서도 그 부분을 엿볼 수 있었습니다.

"엄마와의 좋은 추억을 떠올릴 때, 애달픔이랄지 그리움 같은 뭔가 독특한 감정이 있다"는 지적에서는 소설가 특유의 섬세함에 감명받았습니다. 또한 엄마로부터의 해방을 원한다면 '엄마의 결혼 전 이야기', 즉 엄마가 되기 전의 이야기를 들어보라는 조언도 유익했다고 생각합니다.

사이토 다마키

"

엄마 같은 사람이 되는 것만은
피하고 싶었다

"

III

엄마에 대한
죄책감은
사라지지 않는다

하기오 모토 萩尾望都

1949년 후쿠오카에서 태어났다. 《포의 일족》 《11인이 있다!》로 제21회 소학관만화상을, 《잔혹한 신이 지배한다》로 제1회 데즈카 오사무 문화상 만화우수상을, 《바르바라 이계バルバラ異界》로 제27회 일본 SF대상을, 코믹콘 인터내셔널Comic-Con International 2010에서 잉크팟상을 수상했다. 2012년에는 예술·문화계에 뛰어난 업적을 남긴 인물에게 수여하는 훈장인 자수포장紫綬褒章을 수훈했다.

엄마의 딸 차별

사이토   모녀 관계를 다룬 책은 거의 사례 연구가 중심인데, 제가 보기에는 그래서 재미가 없는 느낌이었습니다. 그래서 저는 《엄마는 딸의 인생을 지배한다》를 쓸 때 주로 픽션을 예로 들었습니다. 특히 소녀만화의 예를 많이 들었는데 그중 하기오 모토 씨의 작품 《이구아나의 딸》•을 제 나름대로 해석해서 쓴 글도 있습니다. 그런 인연으로 오늘은 하기오 씨를 모셨습니다.

저는 특히 모녀 갈등을 그다지 겪지 않은 사람도 제 책에 공감했다는 점이 흥미로웠습니다. 자신은 경험한 적 없지만 알 것 같다는 의견이 제법 많았거든요. 그런 반응을 보면서 역시 엄마와 딸의 관계에는 일정한 보편성이 있다는 생각이 들었습니다. 하지만 제가 남자라서 그런지 공감하지 못해서 잘 모르는 부분이 많습니다. 그래서 여성에게 가르침을 받을 수밖에 없는데 오늘은 그간 모녀 관계를 모티브로 한 훌륭한 작품

● 이구아나 공주가 마법으로 인간이 되어 리카와 마미 두 딸을 낳는다. 하지만 큰딸 리카가 이구아나를 닮자 사랑을 주지 못하고 리카도 엄마의 사랑을 받지 못해 괴로워한다. 엄마와 딸 사이에 오가는 사랑과 증오를 그린 작품이다.

을 발표해오신 하기오 씨를 모시고 말씀을 들으려 합니다.

우선 뭐니 뭐니 해도《이구아나의 딸》이라는 작품을 빼놓을 수 없습니다. 무엇보다 인간을 이구아나로 보이도록 묘사한 부분이 탁월한데요. 시각적으로도 놀라울 뿐 아니라 관계성을 상징적으로 표현하는 데 굉장히 효과적이었다고 생각합니다. 꼭 이구아나여야 하는 이유가 있었습니까?

하기오 고맙습니다. 제가 파충류에 꽤 강합니다(웃음). 징그럽다고 생각하지 않아요. 도마뱀도 좋아하고요. 예전에 우연히 갈라파고스 제도에 사는 이구아나를 비디오 영상으로 본 적이 있어요. 네 발로 바닥을 딛고 서서 태양을 지그시 바라보는 모습이 마치―그저 일광욕이었겠지만―"아아, 이구아나가 되어버렸다. 사실은 인간이 되고 싶었는데"라고 생각하는 것 같았어요. 인간의 태아도 수정 후 일정 시점까지는 꼬리가 있고, 눈이 얼굴 정면이 아니라 측면에 붙어 있어서 도마뱀과 비슷한 모습이래요. 그러다 점점 인간의 외양으로 변하는 거죠. 이구아나를 보고 인간의 태아와 똑같다고 생각했어요. 인간이 되고 싶어 하는 이구아나 이야기를 만들면 재미있을 것 같아서《이구아나의 딸》을 그렸습니다.

바다에 사는 이구아나 공주는 "인간이 되고 싶어서" 마법의 힘으로 인간이 되어 두 딸을 낳습니다. 그런데 아무리 봐도 큰딸은 이구아나로밖에 보이지 않아요. 엄마가 자식을 싫어할 때는 '나와 닮아서'라는 이유도 있다고 생각하는데, 이구아나를 낳았다면 낳은 엄마에게도 그 원인이 있지 않을까 하는 생각에서 판타지 같은 이야기를 시작해 보았습니다.

사이토 모녀 관계에는 역시 신체적 요소도 크게 관여한다고 생각합니다. 그리고 지금 말씀을 듣고 보니 출생의 문제도 얽혀 있다는 생각이 드는군요. 《바르바라 이계》*에서는 주인공 기리야가 스티븐 제이 굴드Stephen Jay Gould의 《개체발생과 계통발생 Ontogeny and Phylogeny》을 읽고 있습니다. 그것과도 연관이 있습니까?

하기오 유전이나 진화에 대한 책은 옛날부터 좋아했습니다. 왜 인간은 인간이 된 걸까 궁금해서요.

사이토 과연 인간이 되지 못한 것에 대한 보상이었다는 말이군요. 《이구아나의 딸》에서는 유사성 때문에 엄마가 이구아나와 닮은 딸 리카를 혐오한 거고요. 여동생 마미가 더 사랑받는 건 엄마와 닮지 않았기 때문인가요?

● 꿈속 안내인 와타라이 도키오渡會時夫와 그 아들 기타카타 기리야北方キリヤ가 7년간 잠을 자는 소녀의 꿈 세계인 '바르바라'의 정체를 밝히기 위해 분투하는 SF 작품.

하기오   네. 엄마가 바라는 이상적인 인간으로 한 치의 오차도 없이 태어났으니까요.

사이토   여동생은 인간으로 보이는군요. 어머니가 세상을 떠나는 장면에서 이구아나의 얼굴을 한 모습이 충격적이었는데 엄마 본인은 자신이 이구아나와 닮았다는 자각을 했던 걸까요?

하기오   친척 아주머니에게 "리카는 자네랑 똑 닮았어"라는 말을 들을 때마다 엄마가 화를 내는 장면이 나오는데, 본인은 이구아나였을 때의 기억이 봉인되어서 그 사실을 잊고 있어요. 자신을 좀 더 객관적으로 바라보았다면 딸에 대한 견해도 조금은 달라졌겠죠.

사이토   닮았다는 걸 자각하지 못한 채 좀처럼 행동을 고치지 못한다?

하기오   그래서 엄마는 "왜 그 애가 싫어?"라는 질문에도 제대로 대답하지 못하죠. 어렴풋이 큰딸이 자신의 싫어하는 면을 물려받았다는 것만 느낄 뿐이죠. 자신의 딸이니까 어쩔 수 없지만 자각하고 싶지 않기 때문에 마음에 들지 않는 부분만 보게 되고요.

사이토   엄마가 딸을 부정하는 것과 반대인 경우는 없습니까? '엄마처럼 되고 싶지 않아'라고 생각하는 딸도 있을 텐데요.

하기오   많이 있겠지요.

나는 엄마가 힘들다

사이토 반대의 가능성도 많다?

하기오 네. 저는 어린 시절에 엄마 같은 사람이 되는 것만은 피하자고 생각했거든요(웃음).

사이토 그 이유가 뭔가요?

하기오 저희 엄마는 활화산 같은 사람이에요(웃음). 신경이 예민해서 1년 365일 내내 화를 내죠.

사이토 계속 분화 중이군요.

하기오 네. 쉬지 않고 분화해요. 어렸을 때 "왜 그렇게 날마다 화를 내?" 하고 엄마에게 물은 적이 있어요. 하지만 엄마는 "나는 부드러운 사람이야"라고 대답했죠. "너희 외할머니가 나를 너무 엄하게 키워서 힘들었거든. 그래서 내 딸한테는 부드럽게 대하기로 마음먹었어. 그런데도 화를 내는 이유는 네가 말을 안 듣기 때문이야"라고 하면서요.

사이토 역시 지배하고 싶은 마음이 강했던 걸까요?

하기오 무엇이든 쉽게 용납하지 못하고 이러쿵저러쿵 요구가 아주 많은 사람이라고 생각해요.

사이토 그래도 학대하듯 불합리하게 화를 내지는 않으셨군요.

하기오 음… 그렇지도 않아요. 탕, 하고 큰소리가 날 정도로 문을 난폭하게 연다든가, 하루 종일 그렇게 화를 냈어요.

사이토 그래도 일단은 이유가 있었던 거죠?

하기오 이유도 있었고 화풀이도 있었죠.

사이토 화풀이를 한다는 자각은 없었나요?

하기오 없었어요. 엄마는 자신의 행동을 자각하는 스타일이 아니에요.

사이토 그래도 여전히 자기 엄마보다 낫다고 생각했군요.

하기오 외할머니는 제가 아홉 살 때 돌아가셔서 기억이 거의 없지만 이따금 집에 놀러 오던 때를 떠올려보면 역시 툭하면 화를 내는 사람이었어요.

당시 친구들 사이에 세발뛰기 놀이*가 유행했는데 돌이 부서져서 못 쓰게 되었기에 잡화상을 하던 할머니한테 "이런 돌이 필요해"라고 말했더니 "다음에 올 때 가져다줄게"라고 하셨어요. "큰 돌이어야 해"라고 했는데, 할머니가 가져다주신 돌은 작은 것이어서 "할머니, 큰 돌을 가져온다며. 이건 너무 작아"라고 칭얼댔더니 버럭 화를 내셨죠(웃음).

사이토 손녀에게 버럭 화를 내다니(웃음). 손을 올리거나 하지는 않으셨나요?

● (옮긴이주) 두 편으로 나누어 이긴 편이 자기 집을 왕복하는 놀이. 주로 마당이나 공터에 모여서 한다.

나는 엄마가 힘들다

하기오 그러지는 않으셨어요. 하지만 깜짝 놀라서 늘 화를 내는 엄마에게 달려가 울면서 마음을 달랬어요(웃음).

사이토 어쩐지 아이러니하네요. 어머니가 그런 외할머니 손에 자라서 비슷해진 것이라는 납득은 하셨습니까?

하기오 방금 이야기하면서 납득했습니다.

사이토 그러면 외할머니보다는 낫구나, 하고 느끼셨나요?

하기오 엄마도 툭하면 화를 내는 사람이어서 이번에 본가에 내려갔을 때 "엄마도 외할머니랑 싸우고 운 적 있었어?"라고 물어봤어요. 여러 가지 다른 것도 물어보고 싶었고요.

사이토 지금은 어머님도 버럭 화를 내지는 않으시는군요.

하기오 네, 되도록 화를 내지 않으려고 조심은 하는데 별안간 신경이 예민해질 때가 있어요. 그럴 때는 가령 사이토 씨가 뜯지 않은 새 물을 들고 있다고 치면 "사이토 씨! 물 안 마시고 뭐 하세요! 얼른 마시고 치워버려요!"라고 쏘아붙이기 때문에 (웃음), "지금은 마시고 싶지 않아요. 나중에 마실게요" 하고 열심히 설득하지 않으면 안 돼요. 갑자기 남아 있는 물이 거슬리는 모양이에요.

사이토 까닭을 알 수 없는 격정이 있군요. 어떤 의미에서는 이야기 소재의 보고라 할 수 있겠네요(웃음).

하기오 씨 가족은 네 남매이고, 그중 세 명이 여성입니다. 《이구아나의 딸》에서처럼 차별받지 않으셨나요? 모두에게 공평하게 화를 내셨나요?

하기오 그런 점에서는 공평한 편이었어요. 다만 제 바로 위 언니는 아빠를 쏙 빼닮아서 얌전한 성격이라 엄마가 다다다 쏘아붙이면 왈칵 울음을 터트렸거든요? 그래서 엄마가 이웃 아주머니에게 "그 애는 툭하면 울어서 무슨 말을 못 하겠어"라고 불평했다고 해요.

사이토 울면 어머님의 화가 가라앉았습니까?

하기오 가라앉아요. 대신 언니에게 다 쏟아내지 못한 화가 저와 여동생과 남동생에게 날아들었습니다.

사이토 하기오 씨는 잘 울지 않았나요?

하기오 네. 울면 엄마가 바보 취급을 해서 상처를 받았으니까요.

사이토 그러면 아래로 내려갈수록 더 화를 내지는 않았나요?

하기오 여동생은 불평을 받아치면서 우는 타입이거든요.

사이토 반응이 천차만별이군요. 어머님은 언제까지 그렇게 화를 내셨습니까?

하기오 성격은 변하지 않으니까요….

사이토 하기오 씨는 도중에 집을 나왔죠?

나는 엄마가 힘들다

하기오 네. 스무 살 무렵에 집을 나와 도쿄에서 만화가로 생활하게 되면서 부모님과 거리가 생겼어요. 부모님은 규슈에 사시거든요. 덕분에 한시름 놓았죠.

사이토 해방감이 상당했겠군요.

하기오 스스로는 깨닫지 못했지만 이따금 엄마가 도쿄에 놀러 오거나 하면 제가 하도 흠칫흠칫 놀라서 친구가 자주 "엄마 앞에서 왜 그렇게 놀라? 뭐 잘못했어?" 하고 묻곤 했어요.

사이토 곁에서도 그게 확연히 보이는군요.

하기오 화내지 마라, 화내지 마라, 하고 엄마를 상전 모시듯 대하니까요.

사이토 생각대로 잘 되던가요?

하기오 네. 조심하니까요. 하지만 정말 피곤해요.

사이토 화내는 일 없이 돌아가시도록 애쓴다는 거죠(웃음). 물론 만화가라는 직업을 누구보다 아끼겠지만 그게 어떤 점에서는 엄마로부터의 도피라고 할까, 그런 의미도 있었나요?

하기오 솔직히 말해서 그래요. 열 살 때부터 집에서 나가고 싶어서 밤에 이불 속으로 들어가 '집을 나가면 어디로 갈까?' 를 상상하곤 했어요.

사이토 그 시절부터 이미 독립을 꿈꿨군요.

하기오　역시나 엄마가 좀 버거웠거든요. 그래서 '여기가 아닌 어딘
　　　　가'를 찾았죠.

사이토　흔히 '가족 로맨스'라고 하는데, '나는 이 집 애가 아닐지도
　　　　몰라'라는 상상도 했습니까?

하기오　저와 여동생 둘이서 "누가 이 집 애가 아닐까?" 하고 경쟁할
　　　　정도였어요.

사이토　너무 혼을 내니까 여동생도 그런 생각을 했다는 거죠?

하기오　네. 하지만 "그러면 네가 다리 밑에서 주워온 애구나"라고 하
　　　　면 그건 아니라고 서로 양보했어요 (웃음).

사이토　거기에 언니는 들어가지 않았네요.

하기오　네.

사이토　언니는 아버님과 사이가 좋았나요?

하기오　좋았어요. 아빠는 기본적으로 다정한 사람이었기 때문에 모
　　　　두와 사이가 좋았어요.

나의 일을 인정해주지 않는 부모

사이토　하기오 씨와 아버님의 관계는 어땠습니까?

　　　　　　　　　　　　　　　　　　　　나는 엄마가 힘들다

하기오 아빠는 아주 온화한 성격이어서 신경이 예민한 엄마와 달리 자식을 전혀 혼내지 않는 사람이었어요. 그래서 저는 아빠를 무척 좋아했죠.

사이토 그렇군요. 아버님과 어머님은 사이가 좋았습니까?

하기오 아주 좋았어요. 엄마는 남자의 기를 세워줘야 한다는 교육을 받은 사람이라 정말 열심히 아빠를 내조했어요.

사이토 다정한 아버님과는 원만하게 지낼 수 있었군요.

하기오 네. 아빠는 초식동물처럼 온순하고 섬세하다고 할까, 온화한 사람이니까요.

사이토 요샛말로 초식남이군요? 방금 전 대기실에서 들었는데 아버님이 열여섯 살 때 배우기 시작한 바이올린을 직장 생활 중에도 손에서 놓지 않아서 나중에 바이올린 선생님이 되셨다고요. 엄청난 집중력의 소유자라는 생각이 들었는데요.

하기오 회사에 다니면서 바이올린 선생님까지 한 걸 보면 전문 음악가가 되고 싶었던 것 같아요. 하지만 생계를 꾸려야 했고 전쟁까지 나는 바람에 꿈을 이루지 못했어요. 아흔을 넘긴 지금도 여전히 바이올린 연주는 물론이고 귀도 밝고 목소리도 정정하세요.

사이토 열정이 정말 놀랍습니다.

하기오 아빠는 의지가 강한 사람이죠.

사이토 말이 통하지 않는다고 느낀 적은 없나요?

하기오 말은 원래 통하지 않아요(웃음).

사이토 다정하지만 말은 통하지 않는다?

하기오 전혀요.

사이토 어린 시절부터 느낀 건가요?

하기오 말이 통하지 않는다고 처음 느낀 건 책에서 본 이야기를 아빠에게 했을 때였어요. 가끔 저도 "아빠, 사차원의 세계가 있다고 하는데, 어떻게 생각해?" 같은 엉뚱한 질문을 했지만요. 어느 날 학생 잡지를 읽다 야간 중학교가 있다는 걸 알고는 놀라서 아빠에게 "중학생인데도 낮에는 일을 하고 밤에만 공부하는 애가 있대. 아빠는 어떻게 생각해?" 하고 물었어요. 아빠는 '얘가 또 영문을 알 수 없는 얘기를 하네'라는 얼굴로 "일본은 의무교육제라서 야간 중학교는 없어"라고 대답했어요. 대화는 그걸로 끝났죠(웃음).

사이토 자기 확신이 강한 사람이었군요(웃음).

하기오 정말 '바른' 사람이었어요.

사이토 학습 능력이 좋은 사람이네요. 바이올린 예를 봐도 그렇고요.

하기오 네. 세상에는 정해진 것이 있다고 믿었어요. 어느 정도 자란

나는 엄마가 힘들다

후에 신문 같은 데서 부락민• 문제를 읽고서는 그때도 아빠에게 이야기했거든요. "아빠, 부락민이란 게 있대. 메이지 시대의 신분 차별인데 여전히 남아 있어서 결혼하려고 했다가 부락민이라고 차별받아서 자살한 사람이 있다나 봐. 불쌍해라"라고 했더니 아빠가 이렇게 말했어요. "그런 신분제는 전부 폐지되어서 지금은 없어!"

사이토 놀라운데요. 하지만 들어보니 하기오 씨는 아버님에게 세상 돌아가는 사정을 열심히 알려주려고 하셨군요.

하기오 아빠가 엄마보다 박식하니까 제가 읽고 놀라거나 감동한 일화에 대해 대화를 나눌 수 있겠다 싶어서 말했던 거예요.

사이토 그런데 부정당했군요. 그럴 때는 어떤 생각이 들었습니까? 신문이 옳다고 생각했나요? 아니면 아버님이?

하기오 저는 아빠를 몹시 존경했지만 그런 일이 거듭되면서 점점 기대를 접게 되었어요. '학습도 언젠가 멈추는구나'라고요. 이를테면 "신분제는 폐지되었다"라는 지식을 학습한 후 그 정보를 한 번도 수정하지 않은 거죠.

• (옮긴이주) 전근대 일본의 신분제도 아래에서 최하층에 위치해 있던 불가촉천민 및 신분제 철폐 이후의 근현대 일본에서도 천민 집단의 후손으로 차별받고 있는 일본 사회의 특정 계층을 가리킨다.

제가 만화가가 된 후의 일인데, 제가 어시스턴트에게 "오늘도 고마워요" 하는 인사와 함께 작업비를 건네는 모습을 본 아빠가 "왜 그 사람들한테 돈을 주니? 그 사람들은 네 제자 아니냐. 보통은 제자들이 선생한테 돈을 주는 거야. 네가 돈을 주는 게 아니라. 너 혹시 속은 거 아니냐?" 하고 물었어요 (웃음). "어떤 만화가도 어시스턴트 없이는 일을 못해"라고 대답했는데 "하루에 얼마니? 누구나 다 이렇게 한다고?"라고 되물어서 제가 "누구나 그래" 하고 반복해 설명해도 왜 정기적으로 돈을 주는지 아빠는 끝까지 이해하지 못했어요.

사이토 그 사람들을 고용했다는 생각은 하지 못했을까요?

하기오 저를 그림 선생님으로 생각한 거죠. 가르친다고 착각한 모양이에요.

사이토 그림 선생님! 아니, '선생님'인 건 맞지만 (웃음).

하기오 그런 식으로 생각했고, 그 전에는 여자가 일한다는 것 자체를 이해하지 못했어요.

사이토 딸이 돈을 버는 걸 상상할 수 없다…. 그러면 뭘 한다고 생각하신 걸까요?

하기오 그러게 말이에요. 그래서 만날 때마다 "애야, 적당히 하고 슬슬 그만두지 그래?"라고 제게 말했어요. 진지하게.

나는 엄마가 힘들다

사이토 놀이나 취미라고 생각하셨군요.

하기오 그 비슷한 거라고 생각하셨을 거예요.

사이토 관두고 제대로 된 일을 하라는?

하기오 20대 후반 무렵 엄마가 "그런 일은 이제 슬슬 그만둬"라고 해서 "난 이걸로 먹고사는데 이걸 그만두면 뭘 해서 먹고살란 말이야?"라고 물었어요. "TV나 신문에서 의뢰가 오니 거기에 나가면 되잖아"라고 하더군요.

사이토 왜 업무 의뢰가 오는지, 이유나 절차에 대해서는 별로 관심이 없었군요(웃음).

하기오 그건 궁금하지 않았나 봐요(웃음). 엄마는 만화를 싫어해서 제 인생에서 만화라는 부분을 쏙 빼버렸어요.

사이토 하기오 씨 인생에서 빼놓을 수 없는 것인데도요?

하기오 없는 것처럼 행동했어요. 마치 야간 중학교를 없는 걸로 치듯이.

사이토 신기하네요. 어머님은 만화는 읽으면 안 된다고 교육받은 세대인가요?

하기오 네, 그 세대지요. 그나마 신문에 연재된 《사자에 상さざえさん》• 같은 걸 보고 "오늘자 《사자에 상》은 재미있네"라고 말하는 정도에요.

사이토   네 컷 만화는 괜찮다?

하기오   네 컷 만화는 괜찮아요. 하지만 엄마는 '만화는 나쁜 것'이라 배우고 자란 세대라서 딸이 만화로 먹고사는 걸 내심 부끄러워해요.

사이토   집에서도 만화책은 금지였습니까?

하기오   금지였지만 이따금 상으로 대여점에서 한 권 빌려 읽는 정도는 허락해주셨어요.

사이토   상으로.

하기오   당근 같은 거죠.

사이토   속으로는 보여주고 싶지 않았지만?

하기오   초등학생이 된 후로는 "이제 만화책은 안 돼. 만화 같은 건 유치원생이 글자를 배울 때나 읽는 거니까"라고 말했죠. 그리고 그 생각에는 한 치의 흔들림도 없었어요.

사이토   그렇군요. 그 가치관은 얼마나 오랫동안 형성되어온 걸까요?

하기오   결혼 전에 이미 형성되었죠.

사이토   그 이후로는 전혀 변하지 않았습니까?

● 만화가 하세가와 마치코長谷川町子의 만화 및 동명의 애니메이션 작품이다. 일본인이라면 남녀노소 누구나 알고 있을 정도로 국민적인 작품으로 손꼽힌다.

나는 엄마가 힘들다

하기오 네.

사이토 그래도 새로운 지식을 받아들이지 않으면 일상을 유지할 수 없을 텐데, 연예인의 이름이나 새로운 노래는 어떤가요?

하기오 아빠는 목소리도 좋고 노래도 좋아하지만 가요는 '나쁘다'고 생각해요. 클래식이 최고의 음악이죠. 중학생 시절에 저는 비틀즈에 푹 빠져서 친구에게 빌린《플리즈 미스터 포스트맨Please Mr. Postman》음반을 집에서 듣고 또 들었어요. 볼륨을 크게 하지도 않았는데 퇴근한 아빠가 "뭐 듣고 있어?"라고 묻기에 "비틀즈"라고 대답했더니 "네가 어른이 되면 젊은 시절에 얼마나 시시한 음악을 들었는지 후회하게 될 거야"라고 했죠.

사이토 완전히 부정하셨군요(웃음). 비틀즈를 이해해보려고 하지는 않으셨나요?

하기오 클래식을 좋아하셨기 때문에 전혀요. 그렇게 시끄러운 드럼 소리, 전자음은 싫다면서 음악으로 인정하지 않으셨어요.

부모에게도 어린 시절이 있었다

사이토 세대적인 요인도 있겠습니다만, 엄청난 억압을 받았다는 인상입니다. 그에 대한 반발로 창작에 몰두하게 된 면도 있습니까?

하기오 만화의 주제를 구상하는 데 있어 '이해받을 수 없다'는 것이 키포인트가 되었는지도 모르겠네요. 말해 봤자 이해해주지 않아, 그렇다면 어떻게 해야 이해해줄까, 누구에게 말하면 이해해줄까, 인간관계 속에서 인정받아야 한다는 것이 중요한 요소가 되었어요.

사이토 하기오 씨의 작품 〈불쌍한 엄마かわいそうなママ〉●에서는 아들이 엄마를 살해합니다. '부모 살해'라는 주제가 빈번하게 등장하는데, 이건 의식하지 않고 그리는 건가요?

하기오 "네 만화에서는 엄마가 자주 죽네"라는 말을 친구에게 듣고 "그러고 보니 그렇네" 하고 깨달았습니다. '트라우마'라는 말도 흔하게 쓰이지 않던 시절이고 단순히 극의 전개를 위해

● 단편집 《11월의 김나지움11月のギムナジウム》에 수록된 작품. 아빠가 아닌 다른 사람을 사랑하는 엄마의 사랑이 이루어지지 않아서 엄마가 쓸쓸해한다는 걸 깨달은 소년이 엄마를 죽인다는 충격적인 내용의 만화다.

나는 엄마가 힘들다

"여기서 엄마가 죽으면 이야기가 고조되겠다"라는 느낌으로 죽인 터라 조금도 주저함이 없었어요. 그때까지 그런 마음이 내 안에 있는지는 생각해본 적이 없어요.

사이토　'엄마 죽이기'를 작품으로 반복했군요.

하기오　네. 제 만화는 유독 시작부터 부모가 없는 경우가 많아요.

사이토　처음부터 없앤다? 없던 것으로 하자?

하기오　그렇게 하면 등장인물을 움직이기가 아주 쉽거든요. 처음으로 부모자식 관계를, 그것도 아버지의 시점에서 그린 것이 《바르바라 이계》입니다.

사이토　부모 시점으로 그렸다는 말씀이군요. 상당히 새로운 시도가 아니었나 합니다만 의도적으로 그 시점을 선택한 거군요?

하기오　네.

사이토　그리면서 뭔가 새롭게 알게 된 것이 있습니까?

하기오　《바르바라 이계》를 그리기 전에 저는 《잔혹한 신이 지배한다》●라는 작품을 통해 자식의 시점으로 부모의 폭력을 묘사했습니다. 9년간 그 만화를 그리면서 "부모는 어떻게 생각할까?"를 고민할 수밖에 없었고, 그러다 보니 젊은 부부가 결

● 미국 보스턴과 영국 런던 및 교외를 배경으로 어느 집안의 소년에게 가해진 성적 학대와 소년의 방황을 그린 대작이다.

혼해서 아이를 낳는 과정을 저 나름대로 다양하게 상상하게 되더군요. 자식의 입장에서 보면 부모는 처음부터 부모로서 군림하고 있죠. 아이는 날 때부터 완성된 부모를 보고 자라지만 부모도 과거에는 아이였다가 점차 성장한 것뿐이에요. 늦게나마 그 사실을 깨닫고 부모는 신이 아니구나, 나와 같은 인간이구나, 하는 걸 이해했어요. 그리고 한 인간일 뿐인 부모가 자식을 낳으면 어떻게 변할까 하는 궁금증에서 《바르바라 이계》를 그렸죠.

사이토 굉장히 중요한 대목이라고 생각합니다. '엄마가 딸의 인생을 지배하면' 딸은 엄마와의 관계를 절대시해서 좀처럼 그 지배를 벗어나지 못하죠. 하지만 엄마도 그저 불완전한 인간임을 깨닫고 나면 거기에서 자유로워질 수 있다고 생각합니다. 하기오 씨의 경우, 그것을 깨달은 계기가 《잔혹한 신이 지배한다》를 그릴 때였다는 말씀이시죠?

하기오 네, 맞아요. 그때가 마흔에서 쉰쯤 되던 때인데, 이미 성인이 된 지 20~30년이 훌쩍 넘은 때였어요. 그런데도 제 자신을 돌아보면 나는 과연 어른인가, 이런 느낌이 어른일까, 확신이 들지 않았죠. 어른이란 내가 생각한 것보다 더 어른이어야 하는데 스무 살이었던 아버지와 어머니가 스무 살의 저와 비슷한 느낌이라면 그리 대단한 어른은 아니었을 거예요. 왜냐하면 40대가 되어서도 저는 여전히 10대 후반에서 20대인 제 모습에 그대로 머물고 있다고 생각했거든요. 40대가 되면 지성이나 이성을 좀 더 갖추게 될 거라 예상했지만 웬걸요, 여전히 제 안에 사춘기 같은 것이 똬리를 틀고 있다는 걸 느꼈고 부모도 그랬겠구나, 싶었어요.

사이토 사춘기의 감성이나 감정이 작품을 창작하는 데 좋은 동기가 되었겠지만 의도적으로 간직한 것이 아니라 내내 남아 있었다는 말씀입니까?

하기오 다른 사람은 어떨지 모르지만 제 주변에는 만화가나 편집자밖에 없어서요. 아마 그 친구들은 영원히 어른이 되지 못할 거예요(웃음).

사이토 그렇다면 지금 하기오 씨의 정신연령은 몇 살쯤 될까요?

하기오 음, 어른이 되었다고 느낀 적은 거의 없어요, 스무 살 전후라고 생각합니다.

사이토 성숙했다는 걸 거의 느끼지 못했군요. 그런 점은 창작하는 데 도움이 되지 않았을까요?

하기오 그럴지도 모르죠. 하지만 사춘기는 어쨌든 과거라서 창작에 그걸 얼마나 살릴 수 있을지는 음, 좀 의문이에요.

사이토 부모의 시점은 중요하다고 생각합니다만,《바르바라 이계》의 와타라이 교수는 믿음직스럽지 못하다고 할까 무슨 일이 생길 때마다 우왕좌왕하잖아요. 약한 아버지라고 할까, 강한 부모가 되려고 하지만 좀처럼 그렇게 되지 못하는 인간으로 그려집니다. 자신감 없는 아빠란 본인을 투영한 건가요?

하기오 제가 어른이 되어 자식을 키우더라도 울고 싶을 때는 자식 앞에서 자유롭게 울 수 있으면 좋겠다고 생각했어요. 아들이 반항하자 와타라이 교수가 갑자기 울음을 터뜨리는 장면이 나오는데 만약 저희 엄마였다면 "너 지금 뭐라고 했어?" 하고 노발대발했을 거예요. 그런데 와타라이 교수는 아빠 노릇이 처음이라 궁지에 몰리면 울어요. 아들에게는 거꾸로 어른이 되라는 훈계까지 듣죠.

사이토 울 수 있는 아버지란 어떤 의미에선 이상적입니다. 제가 임상에서 본 사례 중에도 아버지가 눈물을 흘리는 순간 경직되어 있던 관계가 극적으로 개선된 경우가 있어요. 울 수 있는 아버지란 대단하지 않은가 생각합니다.

하기오 어떤 의미에서는 자식이 부모를 이해해주는 입장이 되지 않으면 안 될 때가 있으니까요.

나는 엄마가 힘들다

죄책감은 나이가 들어도 사라지지 않는다

사이토 약한 모습을 보이는 아버지란 쉽게 말하면 좋은 아빠라 할 수 있을 텐데, 어머니는 그렇지 않다고 할까, 어딘가 독을 품고 있다는 느낌이 있잖습니까?

하기오 여자가 우는 건 흔한 일이니까요. 울어 봤자 누구도 감탄하지 않아요. 게다가 여자가 울 때는 왠지 모르게 무섭잖아요. 엄마 말은 다 들어야 할 것 같고.

사이토 그야말로 마조히스틱 컨트롤처럼 죄책감을 느끼게 해서 지배하려 한다는 뜻이군요.

하기오 엄마의 눈물로 가슴이 따뜻해지는 훈훈한 추억이 생긴다면야 마조히스틱 컨트롤이 아니겠지만 통제에서 벗어날 수 없다고 할까요?

사이토 하기오 씨의 어머님에게는 그런 느낌이 전혀 없었군요.

하기오 엄마는 그저 신경이 예민할 뿐이에요.

사이토 그건 힘으로 지배하는 쪽에 더 가까운 것 같습니다. 마조히스틱 컨트롤처럼 옥죄는 듯한 음습한 지배를 받으면서 좀처럼 엄마를 버리지 못하고 괴로워하는 것이 아니라 어머님처럼 신경이 예민한 사람에게서 도망칠 때는 '후련하다'는 느낌만 들 것 같은데요.

하기오 말씀하신 대로입니다. 부모님과의 갈등이 최고조에 달했던 때가 20대 후반 무렵이었는데, 아빠와 엄마가 합심해서 일을 그만두라고 했어요(웃음). "일을 다 정리하고 규슈로 돌아와"라고 명령했죠. 도쿄에서 일을 하고 있는 내게 왜 그런 말을 하는 걸까 궁금했는데, "도쿄에 있으면 우리 말을 듣지 않으니까"라고 하는 거예요. 그래서 엄마에게 전화를 걸어서 "나는 도쿄에 오고 나서 단 한 번도 집이 그리웠던 적이 없어. 여기서 생활하고 있으니까 여기서 살고 싶어"라고 했어요. 그랬더니 무시무시한 편지가 날아들었죠. "네가 했던 말 평생 잊지 않으마!"(웃음) "내가 무슨 말을 했더라? 고향을 한 번도 그리워하지 않았다는 말이 엄마에게는 그렇게 상처가 되었나?" 하고 자문했습니다.

사이토 강렬하군요.

하기오 어휴, 정말 깜짝 놀랐어요. 하지만 이제는 제가 곁에 없어서 쓸쓸한가 보다, 같이 놀 상대가 없어서 심심한가 보다, 하고 넘겨요.

사이토 부모인 자신을 그리워했으면 좋겠다는 심정이 아닐까 합니다. 고마워했으면 좋겠다는….

나는 엄마가 힘들다

하기오　언젠가 엄마랑 같이 TV를 보는데 "말씀하신 대로입니다" 하고 얌전히 대답하는 아름다운 여배우가 나왔어요. 그때 엄마가 "너도 저만큼만 고분고분하면 좋을 텐데"라더군요.

사이토　고분고분하면 좋겠다?

하기오　무엇이든 "네, 네" 하고 자기 말을 들어주었으면 하고 바라요.

사이토　그건 말도 안 되는 얘기에요.

하기오　저도 너무 어처구니없어서 반발하고 말았어요. 뭐, 반발해도 엄마에게는 통하지 않지만요. 엄마에게 딸은 그저 무지렁이에 불과해요. 인간이 아니라… 아, 또《이구아나의 딸》같은 생각을 하고 말았네요.

사이토　뭉뚱그려 말하기는 힘들지만 그런 무지렁이 대접을 받으면 남성의 경우 집을 뛰쳐나가서 연락을 끊기도 하는데 하기오 씨는 부모님을 도쿄로 불러 함께 회사를 차렸죠?

하기오　회사를 세운 건 갈등을 겪기 전의 일이에요. 그때는 관계가 평온했어요. 저는 도쿄에서 일을 하고 있었고 떨어져 있으면 매일 시끄럽게 떠드는 말을 듣지 않아도 되잖아요? 그러다 보니 "내가 어렸기 때문에 싸운 거야. 지금은 다르지 않을까?" 하고 착각하게 된 거죠.

사이토　부모님과 좋은 관계를 유지할 수 있으리라 생각했군요.

하기오 그런데 막상 부모님이 찾아오면 "왜 어시스턴트한테 돈을 주니?" 하고 말도 안 되는 소리를 꺼내는 거예요(웃음). 엄마가 "우리 그날 너희 집에서 자고 갈 거야"라고 하길래 "엄마, 미안. 나 그날은 일을 해야 해서 어시스턴트가 두세 사람 올 거야. 여관이나 다른 데 묵을래?"라고 했더니 "얘가 지금 무슨 소리 하는 거야! 부모가 온다는데 여관인지 뭔지에 묵으라고?! 어시스턴트한테 여관에 묵으라고 해!" 하고 화를 냈어요.

사이토 엄마에게 그래서는 안 된다고 생각하지는 않으십니까?

하기오 그렇게 생각은 하죠.

사이토 그런데 어쩐 일인지 공동으로 회사를 세우셨네요.

하기오 회사를 설립한 후에 갈등이 점점 더 심해졌어요. 큰 싸움의 불씨가 된 문제가 연달아 팡팡 터졌죠. 그래서 결국 3년 만에 회사를 해체하고 다시 떨어져 살게 되었어요.

사이토 불운한 어린 시절을 보내면 대개는 부모를 원망하게 되지요. "학대를 당하고 평생 원망한다"고들 하는데 그런 일은 없었습니까? 아니면 효도를 하려는 쪽입니까?

하기오 여전히 효도는 하고 싶어요.

사이토 왜 그렇게 생각하죠?

하기오 저도 신기해요(웃음). 곁에 있으면 무서워서 같이 있고 싶지

나는 엄마가 힘들다

않지만 늘 '키워주었다'라는 고마움이 있어요. 그리고 그런 마음을 털어버리기 위해서는 어쨌든 부채를 갚지 않으면 안 되니까요.

사이토 점점 빚이 불어나는 줄도 모르고 말이죠.

하기오 빚의 이자를 내는 것 같은 느낌이에요. 그렇게라도 갚아나갈 수 있으면 죄책감은 줄어들 테고, 상대도 저를 나쁘게 생각하지 않을 거라 위안하는 거죠.

사이토 가출하고 싶을 정도로 학대를 받았는데, 왜 죄책감이 그걸 이기는 걸까요?

하기오 불행한 이야기를 많이 읽었기 때문일 거예요. 부모가 가출해서 끼니도 제대로 때우지 못했다는 둥, 부모가 죽어서 형제끼리 감자 하나를 나눠 먹었다는 둥, 아버지가 다쳐서 가난했다는 둥. 당시는 전후戰後였기 때문에 소녀소설 같은 실록물에 굶주린 이야기가 잔뜩 나왔어요. 부모와 생이별하고 다른 곳으로 가게 되어 채찍을 맞으면서 허드렛일을 한다든지. 그에 비하면 세 끼 밥을 꼬박꼬박 챙겨주고 학교에도 보내주었으니.

사이토 밥과 학교라는 빚을 진 거네요.

하기오 가끔 책도 사주고요. "네가 좋아하는 책은 뭐든 사도 돼"라고 해놓고 "이걸로 사!"라고 강요하기는 했지만요(웃음).

사이토 그래도 강한 죄책감은 여성 특유의 감각이라고 생각합니다. 방금 전의 이야기로 돌아가면 가족 경영 회사가 많다고들 하는데 죄책감을 덜기 위해, 그러니까 효도할 작정으로 가족을 회사로 불러들이는 경우가 많습니까?

하기오 퇴직한 아버지와 함께 회사를 시작한 집의 예를 들은 적이 있어요. 하지만 시간적 여유가 있는 아버지가 먼저 나섰다는 느낌이었지 죄책감과는 거리가 멀었어요. 그런 얘기는 들은 적이 없습니다.

사이토 조금 더 실무적인 문제일까요? 가족이 좀 더 믿을 수 있어서 라든지….

하기오 좀 더 신뢰할 수 있다는 이유도 있겠지요.

사이토 지금 어머님과는 어떻습니까?

하기오 오랫동안 본가에 가지 않았어요. 거의 얼굴도 보지 않고 살고 있는데, 한 날 아빠에게 교통사고가 났어요. 복부를 20센티미터나 개복해야 했던 큰 수술이었더라고요. 지금은 회복해서 정정하시지만요. 그때 엄마가 전화를 해서 "아빠가 죽을지도 몰라" 하는데, 바로 가지는 못하고 2, 3일이 지난 후에야 갔어요. 그 후 1년 동안은 2~3개월에 한 번씩 상태를

나는 엄마가 힘들다

보러 본가에 갔습니다. 회복되고 나서는 가지 않았지만요.

사이토 약간의 거리를 유지하고 있는 건가요?

하기오 네. 그 1년 사이에는 '이 정도면 가끔 집에 와도 괜찮지 않을까'라는 생각이 들었어요. 여전히 조심해야겠지만요(웃음).

사이토 만약 어머님이 점점 약해지면 마음이 변할 수도 있을까요?

하기오 그건 지금으로선 알 수 없어요(웃음).

사이토 상상할 수 없다?

하기오 이름점이라는 게 있는데요, 죄송합니다, 갑자기 점 얘기를 해서(웃음). 컴퓨터로 보는 점인데, '도시코'라는 이름과 '하기오'라는 이름을 넣어 궁합이 어떤지 봤어요. 그랬더니 "하기오 씨는 도시코 씨에게 다가가려 합니다. 그런데 도시코 씨는 하기오 씨에게 전혀 관심이 없습니다"라고 하지 뭐예요.

사이토 관심이 없다?(웃음)

하기오 네, 맞아요, 관심이 없는 것 같아요. 꽤 충격이었어요. 점이었지만.

사이토 딸을 지배하려는 욕망은 느끼지 못했습니까? 화는 내지만 통제하려는 의도는 없었나요?

하기오 통제하려고 하니까 문제였죠. 그래서 화를 냈고요.

사이토 엄마가 딸을 대할 때는 대개 자신이 살지 못한 삶을 딸이 살아주기를 바라는 경향이 있습니다. 어머님에게 그런 욕망을 느낀 적이 있습니까? "딸을 이런 방향으로 살게 하고 싶다" 하는 바람이라든지.

하기오 엄마는 네 자매 중 둘째예요. 바로 위의 큰 이모가 공부를 굉장히 잘했다고 해요. 외할머니와 외할아버지가 큰이모를 유달리 예뻐해서 "네 언니는 굉장히 머리가 좋아. 하지만 넌 아니야"라는 말을 내내 들었던 모양이에요. 그래서인지 엄마도 공부에 집착해서 열심히 하지 않으면 자식을 괴롭혔다고 할까, 숨 막히게 했어요. 그러면 좋은 성적을 받으면 칭찬해 주었냐? 아니요, 그것도 잔소리의 대상이 되었어요. "거봐, 하니까 되잖아! 왜 하지 않은 거야!" 하고.

사이토 칭찬을 하지 않았습니까?

하기오 네. 학교 선생님이 "따님은 잘 하고 있어요. 어머님이 예의범절을 잘 가르치셨더군요"라고 말하면 기뻐하며 이웃 아주머니에게만 신이 나서 자랑했어요.

사이토 남의 말을 빌려서 칭찬한다?

하기오 "그건 내가 예의범절을 철저히 가르쳤기 때문이야"라고 했죠.

사이토 만화의 성공에 대해 칭찬받은 적은요?

하기오 아니, 전혀 없었어요. 만화는 칭찬거리가 되지 못해요.

나는 엄마가 힘들다

사이토 상을 받았을 때는요? 기뻐하지 않았습니까?

하기오 물론 상을 받은 것도 알았고 신문 기사도 읽었어요. 하지만 만화를 그린다는 사실만 어딘가로 사라진 모양인지.

사이토 그건 이상하네요. 모든 건 만화에서 시작되었는데.

하기오 부모님에게 만화는 아주 수준 낮은 것이라서요. 없는 일로 하고 싶어 해요. 상을 받아서 신문에 실렸다는 건 쏙 빼놓고 그저 신문에 나왔다는 것만 칭찬했죠.

사이토 이해하기 힘든 평가네요.

하기오 이런 인간 심리에 대한 분석은 없나요?(웃음)

사이토 그런 걸 '부인否認'이라고 하는데요, 이렇게까지 완벽한 사례는 여간해서는 보기 힘듭니다(웃음). 눈앞에 버젓이 있는데도 안 보이는 척 한다니.

하기오 제가 만화가로 데뷔한 후 연이어 단행본이 나왔고, 그때마다 부모님에게 책을 보냈어요. 그래서 일단 본가 응접실에 장식해놓기는 해요. 손님이 오면 "우리 애가 그렸어요" 하고 보여주는 모양이에요. 그렇지만 저만 보면 "어서 그만둬!"라고 다그쳐요.

사이토 이렇게 유명한데도.

하기오 TV나 신문에까지 나오는데도(웃음).

사이토 연예인이 되기를 바라시는 건가요? 아니면 그림책 작가라든가?

하기오 그랬어요. 한때 "만화가는 그만두고 그림책 작가가 되렴" 하고 자주 말했어요. 그림책 작가라면 "댁의 따님은 무슨 일을 하세요?" 하고 누가 물었을 때, 대답하기에 모양새가 좋다면서.

사이토 직업에 대한 확고한 편견이 있군요.

하기오 여학교를 다닐 적에 그런 편견이 자리 잡은 것 같아요. 그때 박힌 가치관이 변하지 않은 거죠.

사이토 그 가치관이 딸을 억압해온 거고요.

하기오 엄마 세대에서는 '만화는 저급한 것'이라는 가치관이 일반적이니까요.

사이토 만화를 읽지 않으시거나 이해하지 못하겠지요. 하기오 씨의 작품은 그렇잖아도 이해하기가 쉽지 않은데, 읽어보시긴 했나요?

하기오 아빠는 초기에 제 만화를 읽고 감상을 말해주기도 하셨으니 읽은 것 같아요. 엄마는 칸을 따라 대사를 읽기가 영 불편한 모양이에요. 디자인 학교를 다닐 때 소녀잡지에 만화를 투고해서 입상하고 두 번 정도 몇 천 엔인가를 받은 적이 있어

요. 그랬더니 "만화가 돈이 되네" 하면서 엄마가 규제를 조금 풀어줬어요. 그러면서 그때 "그럼 한 번 읽어볼까" 하더니 만화 잡지 《별책 마가렛別冊マーガレット》을 집어 들었죠. '엄마가 웬일로 만화를 다 읽네'라고 생각했는데, 다 읽고 나서는 "너 이런 한심한 걸 그리니?"라고 했어요(웃음). 그때 엄마가 읽은 건 스즈하라 겐이치로鈴原研一郎 선생님의 작품이었는데도 말이에요. 히로시마 원폭으로 백혈병을 앓는 소녀가 등장하는 감동적인 작품인데(웃음).

사이토　감동을 받기는커녕 한심하다고 하셨다는 거죠. 어렵네요.

엄마의 눈물이 응어리진다

사이토　맥을 끊어서 죄송합니다만 오늘 꼭 여쭙고 싶은 것이 있어서요. 하기오 씨의 초기 작품을 보면 성적인 요소가 결여된, 무성적인 몸을 가진 등장인물이 나온다는 특징이 있습니다. 당시 작가로서 성적인 걸 그려서는 안 된다는 강박이 있었나요?

하기오　소녀만화니까 플라토닉한 사랑을 그리자고 생각했어요. 마릴린 먼로 영화나 연애소설 속 섹스어필에는 관심이 있었지만 육체보다는 마음의 움직임에 더 끌렸던 것 같아요.

사이토 마음속 어딘가 이성애주의heterosexism, 혹은 제도화된 성이나 지배적인 성에 대해 반발심 같은 것이 있었을까요?

하기오 전혀 없었어요.

사이토 엄마와 딸의 관계는 어딘가 육체로 엮여 있고 그것이 중첩될 때가 있다고 생각하는데 그런 몸의 주술에서 해방되고 싶은 마음은 없었나요?

하기오 아마도 그런 마음이 《잔혹한 신이 지배한다》에서 봇물 터지듯 나온 게 아닐까요? 그 책을 내고 나서 많은 것을 용서할 수 있었어요. 부모라는 존재, 제 안의 갈등 같은 걸.

사이토 실제로 《잔혹한 신이 지배한다》를 보면 그런 마음이 강하게 드러납니다.

하기오 아무래도 제 감정이 표현되었겠죠. 저는 중학생 시절부터 SF에 빠졌는데 아무래도 현실세계는 가혹하니 유토피아를 그리고 싶었던 것 같아요. 그래서 SF적인 미래, 혹은 일본이 아닌 유럽의 아름다운 세계를 그리고 싶은 마음이 컸어요. 일본을 배경으로 해서 그리는 건 힘들었거든요.

사이토 그건 너무 생생하기 때문일까요?

나는 엄마가 힘들다

하기오 일본을 배경으로 그릴 때, 이를테면 엄마 캐릭터라고 하면 저희 엄마를 제일 먼저 떠올리게 돼요.

사이토 어머님이 장애가 되어 일본을 배경으로 그릴 수 없다?

하기오 만화에도 여러 가지 종류가 있으니까 일본을 배경으로 해서 못 그릴 것도 없지만 아무래도 쉬운 쪽으로 처음부터 엄마가 없는 세계를 그리게 되죠.

사이토 엄마 없이 시작해야 이야기가 수월하게 전개된다라…. 그렇다면 역시 《이구아나의 딸》이 전환점이 된 건가요? 그 작품은 엄마를 정면에서 그리고 있죠. 엄마가 그리기 쉬워진 건 그 무렵부터인가요?

하기오 네. 이런 식이라면 해볼만 하다고.

사이토 그건 《이구아나의 딸》이 '엄마를 살해한' 내용의 책 중 가장 성공한 작품이기 때문입니까? 어떤 의미에서는 딸이 엄마를 용서한 이야기로도 읽을 수 있겠군요.

하기오 일단은 그렇습니다.

사이토 《이구아나의 딸》에서 큰딸 리카가 아이를 낳자 "엄마와 쏙 빼닮았다"라는 말이 나오지요. 그 말은 점점 이구아나를 닮는다는 뜻인지, 그리고 말미에 "엄마의 눈물이 응어리진다"라는 의미심장한 대사가 나오는데 용서는 하되 해소되지 않는 뭔가가 있는 것인지 궁금합니다.

하기오 "엄마의 눈물이 응어리진다" 이 대사를 넣을까 말까 굉장히 고심했는데 둘의 관계는 누구 하나가 죽어도 끝나지 않을 것 같아서 결국 넣었습니다.

사이토 마지막에 뭔가 남게 되는군요. 용서한 것도 아니고 죽인 것도 아닌, 뭔가 응어리가 남는다는 점이 우리 남성이 이해하기 가장 어려운 부분입니다. 그건 대체 뭘까요? 얼마 전에 가쿠타 미쓰요 씨와도 같은 주제로 대담을 나눴어요. 서로 자기 의견만 고집하고 싸우다 보면 결국에는 감정의 찌꺼기 같은 것이 남는대요. 거기에는 일종의 그리움이랄까 이런저런 감정들이 뒤섞여 있는데 명료하게 설명할 수 없다고 하더군요.

하기오 제 경우 도쿄에 오고 난 후부터 초등학생 시절에 살던 집이 나오는 꿈을 자주 꿔요. 어릴 적엔 이사를 자주 다녔는데 구마모토 아라오에 있는 집과 후쿠오카 집이 주로 나와요. 초등학생 때는 시간을 무척 길게 느끼잖아요. 그래서 부모와 함께하는 아이의 경험은 0~10세 사이에 응축된다고 생각해요. 거기에서 벗어날 수도 없고 신들린 것처럼 홀리는 부분도 있는 것 같아요. 부모가 없으면 아이는 자라지 못하니까

나는 엄마가 힘들다

그 과정에서 응어리가 생길 수밖에 없다고 생각해요.

사이토 응어리에 응축된 경험이 포함된다?

하기오 그래서 SF의 세계에서는 다양한 고민과 문제를 안고 있는 사람은 아이를 키우지 않는 편이 낫다고 생각하고 그런 판타지를 그린 적도 있는데 생각처럼 간단하지 않았어요. 쉰을 넘긴 이후로는 어쩔 수 없다고 생각하게 되었습니다.

사이토 어쩔 수 없다는 건 무슨 뜻입니까?

하기오 받아들일 수밖에 없다. 부모도 아이를 받아들일 수밖에 없고, 아이도 부모를 받아들일 수밖에 없다.

사이토 부모인 엄마에게도 그런 의식이 있을까요?

하기오 엄마는 어릴 적 환경에서 그런 식으로 눈치를 보면서 자랐어요. 그리고 그 세계에는 세간의 손가락질을 받지 않는 기준이 있고 그 범주에서 아이를 키웠죠. 결혼도, 남편의 직업도, 아이를 키우는 것도, 아이가 공부하는 것도, 아이가 학교에 가는 것도 요컨대 사회가 시민에 부여한 규범이지요. 야간 중학교가 없는 게 '분명'하다든가, 신분제가 없는 게 '분명'하다든가, 그런 '분명'한 세계에 살고 있는 거예요. 그 안에서 아이를 잘 키우면 이러이러하게 될 게 '분명'하다고 생각하겠죠.

사이토   들고 보니 어머님은 확실히 일방통행에 천상천하유아독존처럼 보이기도 합니다. 반대로 엄마 역시 나름대로 많은 책임감을 떠안고 그걸 억지로 해소하려다 보니 도리어 골이 깊어지고 난폭하게 행동하게 된 부분도 있다고 생각합니다.

하기오   그럴지도 모르죠.

사이토   제 책에서도 언급했는데, 엄마의 다양한 가치관이나 몸에 관한 인식 등은 특수한 말로 딸에게 전해지는 경우가 있습니다. 요시나가 후미 씨의 《사랑해야 하는 딸들》을 보면 주인공이 "넌 못생겼어"라는 말을 듣고 자신이 미인이라는 생각을 전혀 하지 못합니다. 《이구아나의 딸》에서도 어릴 때부터 이구아나라 불려온 주인공이 이구아나와 닮았다는 말을 굳게 믿어버리죠. 이렇게 '말의 주술'은 모녀와 관련된 이야기의 주제가 되어왔는데, 하기오 씨는 어머님에게 들은 어떤 특정한 말에 옥죄인 적은 없었습니까?

하기오   그렇게 물으시니 글쎄요, 그런 적은 별로 없어요.

사이토   여러 가지 억압을 받았지만 어머님의 말에 옥죄임을 느낀 적은 없군요?

하기오   엄마는 만화가 한심한 거라고 생각했으니 굳이 꼽자면 한심하다는 말이 거기에 해당되는지도 모르겠네요. 다만 저는 데즈카 오사무手塚治虫● 선생님의 만화를 읽고 감동했던 경험이 있는데, 엄마는 그의 만화를 읽어보지 않았으니까, 그렇게 생각하면서 엄마의 말을 받아들이지 않았죠.

사이토 생각해보면 하기오 씨는 "만화는 한심하다"라는 말을 듣고도 그걸 전혀 내면화하지 않았군요. 도리어 훌륭한 작품을 꾸준히 창작함으로써 엄마의 말을 반증했죠. 옥죄이는 대신.

하기오 네(웃음). 그 애랑 놀면 안 된다는 말에도.

사이토 친구관계까지 간섭했습니까?

하기오 여러 가지로 간섭이 아주 심했죠. 고등학생 때는 통금도 있었고요. 저녁식사 시간이 6시부터였는데, 학교를 마치고 전차를 타고 집에 오면 4시 반이니 반드시 그 시간까지 돌아오라고 했어요. 5분도 늦어서는 안 되고 동아리 활동은 금지. 하지만 엄마 몰래 동아리에는 들어갔어요(웃음). 친구와 시험 답안지를 맞춰본다고 거짓말하고.

사이토 결국 말을 듣지 않았군요. 구속되지 않았어요. 투쟁의 역사라는 느낌입니다. 성적 금기는 어땠나요? 어머님이 유독 강경하게 나오지는 않았습니까?

● (옮긴이주)《우주소년 아톰》등을 그린 만화가로, 일본 만화·애니메이션의 아버지로 불린다.

하기오   아뇨, 그렇지 않았어요.

사이토   그건 뒷전이었다는 뜻인가요?

하기오   성적인 문제에 대해 주의를 줄 때는 큰소리치지 않았어요. 낮은 목소리로 넌지시 말해주었습니다.

사이토   그런 식으로 일러주셨군요.

하기오   왠지 그게 더 무서웠어요(웃음). 어쩐지 협박 같아서.

사이토   그걸 구별하는 게 더 이상한데요?(웃음) 그건 작품에 반영되지 않았나요?

하기오   만화로 그리면 음습해지잖아요.

사이토   그렇긴 하죠. 그렇다면 성적인 요소가 없는 소년들이 불장난을 벌이는 세계를 설정한 건 특별히 엄마의 지배에 대항하기 위해서는 아니었군요.

하기오   방금 생각났는데 그건 헤르만 헤세Hermann Hesse의 영향이에요. 사춘기에 헤세를 읽고 구원을 받은 느낌이었거든요.

사이토   좀 더 자세히 얘기해주신다면요?

하기오   《게르트루트Gertrud》의 주인공은 불안한 청춘입니다. 집을 짓거나 재봉틀을 돌리는 구체적인 일이 아닌 "봄은 아름답노다, 아름다워", "음악은 아름다워" 하고 아름다운 봄, 아름다운 음악 같은 추상적인 세계에 대해서만 생각해요. 굉장히 감성적이죠. 그런 감수성이 문장이 되다니, 깜짝 놀랐습니다. 거기다 주인공이 그런 감정을 사는 보람으로 여기고 긍정하는 태도에도 놀랐어요. 당시 저는 뭘 하든 부모에게 "한심하다"는 소리를 들었고, 저는 저 나름대로 제 안에서 그 한심한 걸 처리하지 못해 걱정하던 차였거든요. 그런데 심지어 헤세는 이 작품으로 노벨상까지 받은 거예요. 헤세를 읽고 나서야 저도 마음에 안정을 찾고 누구의 눈치도 보지 않고 봄을 아름답다고 생각할 수 있게 되었어요.

사이토 《토마의 심장トーマの心臟》*이든《11월의 김나지움》이든 그 야말로 하기오 씨의 실제 세계라 할 만한 여학교를 배경으로 하지 않은 이유는 너무 생생해서, 그러니까 하기오 씨가 추구하는 관념적인 세계와 어울리지 않아서였습니까?

하기오 《11월의 김나지움》의 경우 처음에는 여학교 버전으로도 그렸었어요. 유리크라는 아이가 체크 스커트를 입는 식으로. 하지만 그냥 덜렁거리는 여자아이가 되는 바람에 포기했죠.

사이토 자연스레 그렇게 되었다는 말인가요?

하기오 역시 남자아이가 좋겠다고 생각했어요. 잘 모르는 만큼 자유

● 독일 김나지움을 배경으로 소년들의 사랑과 시련을 그린 작품.

롭게 그릴 수 있고.

사이토　모르는 만큼. 이 부분이 중요하지 않을까요? 일부러 공감하기 어려운 세계를 그린다. 그만큼 판타지에 가까운 이야기를 전개할 수 있다. 모두 순수하게 작품을 위한 논리였으니, 거기서 모녀 관계의 투영을 읽는다면 너무 앞서 나가는 것인지도 모르겠군요. 저는 적당한 게 뭔지 몰라요. 남자는 적당한 선이 없으면 점점 망상이 심해집니다. "여성은 분명 이렇게 생각할 거야" 하고 뭉뚱그려 생각해버리죠. "하기오 씨는 아무래도 어머님과 갈등이 있었던 모양이야. 그러니 이런 작품을 그린 거야. 그게 '야오이やおい'*의 기원이야", "야오이의 기원은 모녀 관계에 있었구나" 하고 멋대로 결론을 내버리는 거죠(웃음).

하기오　네, 맞아요(웃음).

사이토　아이고(웃음). 하기오 씨나 타케미야 케이코竹宮惠子** 씨는 소녀만화의 '기원'으로 일컬어지는 작품을 다수 그리셨는데,

----

● (옮긴이주) 주로 여성들이 창작하고 여성들이 즐기는 하위문화 장르로, 남성의 동성애를 소재로 한다.
●● (옮긴이주) 하기오 모토와 함께 '24년조'로 꼽히는 만화가다. 일본의 쇼와 24년(1949년)생 소녀만화가 집단을 가리키는 24년조는 일본 소녀만화계의 개척자이자 방향성을 확립한 만화가 집단으로 널리 알려져 있다.

그런 작품을 무리하게 작가의 모녀 관계와 결부시킬 필요는 없다고 말해주시면 좋을 텐데요. 하기오 씨의 생각은 어떤 가요?

하기오 그 점에 대해서는 아직 저도 잘 모르겠어요. 앞으로의 숙제입니다.

사이토 지금, 이렇게 대화를 나누고도 감이 오지 않는다면 모녀 문제와는 제법 거리가 있는 거겠죠. 역시 작품은 그저 순수한 판타지로 구상했다고 봐도 되겠지요. 다만 섹슈얼한 부분은 그것과 따로 떼서 생각해도 된다고 말씀해주시면 저로서는 좋겠습니다만(웃음).

하기오 그렇게 생각해도 되지 않을까요?(웃음)

사이토 벌써 시간이 이렇게 되었군요. 오늘 심도 깊은 이야기를 해주셔서 진심으로 감사합니다.

하기오 감사합니다.

하기오 씨의 후기

2010년에 NHK에서 만화가 미즈키 시게루水木しげる● 씨의 자서전을 토대로 한 TV 드라마 〈게게게의 아내ゲゲゲの女房〉가 방영되었습니다. 그걸 본 엄마가 그해 가을 "엄마는 네가 (미즈키 시게루 씨와 같은) 그런 일을 하는 줄 몰랐어. 여태 실례가 많았다"라고 했습니다. 약간의 변화입니다.

하지만 그 이후로 엄마는 사람들에게 "딸이 만화 그리는 걸 한 번도 반대한 적이 없어요"라고 말하고 다닙니다. 제게는 "엄마가 반대했더랬지"라고 말하는 걸 보면 잊지는 않은 모양인데 "왜 거짓말을 해?"라고 물으니 "그건 그 사람이 내 이야기를 잘못 들은 거야"라고 합니다. 역시나 엄마는 종잡을 수 없어요.

● (옮긴이주) 세대를 넘나들며 많은 사랑을 받은 일본의 국민 만화 《게게게의 기타로ゲゲゲの鬼太郎》를 그린 만화가.

나는 엄마가 힘들다

대담을 마치고

동시대를 사는 것만으로도 기적 같은 '소녀만화의 신'에게 이렇게까지 개인적인 질문공세를 해도 되는지 걱정이 됐으나 그럼에도 너무나 귀중한 이야기를 아낌없이 풀어주셨습니다. 대담에는 다른 사람도 아닌 하기오 씨를 향해 만화가를 그만두고 제대로 된 일을 하라고 다그치는 무서운 어머니가 등장하는데 결국에는 만화를 '일'로서 인정하셨다니 조금은 마음이 놓였습니다.

하기오 씨는 시종 부드러운 미소를 지으며 담담하게 말씀하셨습니다. 하지만 저는 아무래도 하기오 씨의 작품에 담긴 섹슈얼리티에 '엄마의 억압'이라는 그림자가 드리워져 있는지 알고 싶었습니다. 그것은 금지와 단절로 점철된 '아버지의 억압'과는 사뭇 다른 성향을 띠며, 때로는 창의성을 가져다주기도 합니다. 그래서 대단하다고는 도저히 말할 수 없지만 꾸준히 연구해보고 싶은 주제입니다.

사이토 다마키

> "
> 엄마는 딸을 통해
> 다시 태어나고 싶어 한다
> "

IV

왜 엄마와 딸은
갈등하는가

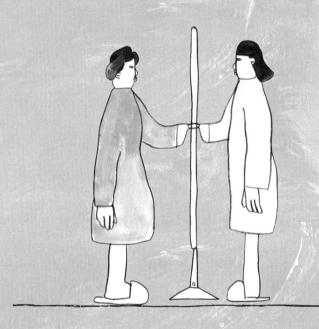

노부타 사요코信田さよ子

1946년 기후에서 태어나 오차노미즈 여자대학 대학원에서 아동학 석사학위를 취득했다. 하라주쿠 상담센터 소장으로 근무하며 알코올의존증, 섭식장애, 가정폭력 등으로 고통받는 당사자와 가족들을 대상으로 심리 상담을 제공한다. 저서로 《나는 착한 딸을 그만두기로 했다》(공저) 《애정이라는 이름의 지배愛情という名の支配》 《엄마가 부담스러워 견딜 수 없다母が重くてたまらない》 《안녕, 엄마さよなら、お母さん》 등이 있다.

몸을 공유하는 모녀

사이토 노부타 씨의 저서 《엄마가 부담스러워 견딜 수 없다》*는 공교롭게도 제 책 《엄마는 딸의 인생을 지배한다》와 비슷한 시기에 출간되었습니다. 책을 내기 전에는 서로 전혀 몰랐는데 동시에 이런 책을 내다니 우연이라고 할까, 시대의 흐름을 감지한 것인지도 모릅니다. 오늘 잘 부탁드립니다. 노부타 씨는 임상 현장에서 처음으로 모녀 문제를 인식하게 되었다고 하셨는데 그때가 대략 언제쯤인가요?

노부타 저는 1996년에 《어덜트 칠드런アダルト·チルドレン》이란 책을 냈습니다. 당시 어덜트 칠드런이란 용어가 널리 알려지며 스스로 어덜트 칠드런이라 밝힌 사람이 꽤 많았고 그중 80퍼센트 가량이 여성이었습니다. 원래 어덜트 칠드런이란 용어는 알코올의존증 환자가 있는 가족 구성원을 일컫는 말로 처음 사용되었고 알코올의존증에 걸린 아빠, 그 곁에 있는 엄마, 그리고 딸인 자신이 전형적인 구성이에요. 하지만

● 다년간의 상담 경험을 바탕으로 엄마와의 관계를 힘들어하는 딸들의 고민과 해결에 대한 실마리를 제시한 책. 모녀 관계의 병리를 상징하는 '묘지기딸墓守娘'이란 말이 이 책에서 처음 사용된 후 일본에서 사회적으로 널리 쓰이게 되었다.

문제의 중심은 아버지와의 관계가 아니죠. 술을 마시고 바람을 피우거나 도박으로 빚을 잔뜩 지고 가족에게 폭력을 휘두르는 아빠는 오히려 단순하고 알기 쉬워서 바로 정리할 수 있어요. 하지만 엄마와의 문제는 그렇게 간단하지 않다고 당초부터 많은 사람이 얘기해왔죠. 그래서 그런 고민을 가진 여성을 대상으로 어덜트 칠드런 집단 상담에 참여했는데 그때 제가 보고 들은 사례들을 엮은 것이 책이 되었습니다.

사이토 그렇다면 어덜트 칠드런 문제로 고민하는 여성 환자는 모두 예외 없이 모녀 문제로 힘들어한다고 생각하시나요?

노부타 그렇게 단정해도 되지 않을까요?

사이토 의외는 아니지만 깜짝 놀랐습니다. 어덜트 칠드런에 대해 저 나름대로는 '스스로의 욕망을 이해하지 못하거나 책임의 범위를 이해하지 못하는 사람'이라고 해석했는데 왜 그게 모녀 문제가 되는 거죠?

노부타 자신의 책임이라고 말하는 것 자체가 이미 엄마에게 침식당했다는 뜻이에요. 자신의 욕망이나 책임을 따지기 전에 엄마와 일체화되었다고 할까…. 엄마와 미분화된 상태가 그런 문제를 만든 거니까요. 하지만 당사자도 곁에서 보는 사람들도 잘 인지하지 못하죠.

나는 엄마가 힘들다

따라서 모녀 문제는 대개 딸이 엄마에게 느끼는 위화감, 답답함, 때로는 공포와 같은 감정으로 자각됩니다. 그리고 그런 감정이 반발과 분노로 직결되지 않는 상황이 딸의 고통을 가중시켜요. 반면 엄마는 자신의 모든 말과 행위가 애정에서 기인한 것이라 믿어 의심치 않아요. 그래서 딸의 고통을 전혀 눈치채지 못합니다. 말 그대로 자각하지 못하는 엄마와 고통받는 딸인 셈이죠.

사이토 제 책의 주제 중 하나가 부자 관계와 모녀 관계는 결정적으로 어떻게 다른가 하는 점이었어요. 둘의 가장 큰 차이는 신체 감각이었습니다. 아버지와 아들은 신체를 동일시하는 일이 절대로 없습니다. 대신 직업관이나 논리관처럼 뭔가 추상적인 것을 매개로 동일화가 일어납니다. 신체의 일체화는 거의 일어나지 않아요. 반면 모녀의 경우는 신체적 동일성이 과도한 동일시를 일부 촉진하는 면도 있어요. 물론 성 역할이라든지, 여러 가지 외부 환경이 일체화를 강요하는 면도 있고요. 하지만 제가 보기에 모녀 문제의 가장 큰 원인 중 하나가 몸, 신체라고 생각하는데 노부타 씨는 이것에 대해 어떻게 생각하세요?

노부타 모녀 관계에서 상징적인 사건이 둘 있는데 그중 하나가 딸의 초경입니다. 딸의 초경을 엄마가 어떻게 받아들이느냐가 아주 중요한 포인트라고 생각합니다. 또 하나는 임신이에요. 딸의 초경과 임신이 모녀 관계에 있어서 아주 상징적인 의미를 가집니다. 초경에 대해 엄마에게 절대 말할 수 없다든가, 초경에 대해 말했더니 불결한 사람 취급을 해서 일주일 정도 엄마에게 말하지 못했다는 여성이 굉장히 많습니다. 축복해야 하는 일인지 꺼려야 하는 일인지 저로서는 잘 모르겠어요. 다만 딸이 생리를 시작했을 때, 그 사실을 엄마로서 받아들이지 못하는 여성이 많다는 게 문제입니다.

사이토　저로서는 실감하기 어려운데요, 월경이 아니라 초경이 꽤 특수한 사건이라는 말씀이군요. 처음이라서 그런 걸까요?

노부타　요컨대 엄마 쪽의 무의식적인 혐오겠죠.

사이토　혐오감이요?

노부타　엄마가 딸의 초경을 혐오한다는 사실을 딸은 일찌감치 눈치챕니다. 그래서 말하지 못하는 게 아닐까 생각해요.

사이토　초등학교 6학년짜리 딸이 엄마의 혐오감을 사전에 감지한다. 그건 성적인 몸이 되어가는 딸에 대한 엄마의 질투일까요, 그게 아니라면 혐오감의 기원은 어디에 있는 걸까요?

노부타　그건 역시 자신의 여성성에 대한 혐오가 아닐까요?

나는 엄마가 힘들다

사이토 엄마 자신이 여성 혐오를 안고 있다는 건가요?

노부타 네. 자신의 여성성에 대한 혐오라고 생각합니다.

사이토 저도 제 책에서 그 문제를 일부 다뤘는데, 하지만 머리로는 이해하면서도 잘 실감이 되지 않는 부분이기도 합니다.

노부타 음, 여성성과 직면한다는 건 실제로 그렇게 달가운 일이 아니에요, 전혀요. 저도 그랬고요.

사이토 이런 말은 좀 그렇지만 저는 여성에게 행해지는 교육, 훈육이란 한편으로는 욕망의 대상이 되는 몸을 갖는 것, 다른 한편으로는 주체로서 욕망을 포기하는 것—즉 포용력 있는 다정한 성격이 되는 동시에 자신의 욕망은 보상받지 못한다는 사실을 받아들인 소극적인 존재가 되는 것—이 두 가지를 동시에 갖추기를 강요받는 일이라 생각해요. 그래서 여성은 필연적으로 공허함이나 우울함을 안고 있다고 생각하는데 이 점에 대해서는 어떻게 생각하시나요?

노부타 그 두 가지가 너무너무 싫습니다. 저는 욕망의 대상이 되는 것도, 욕망을 포기하는 것도 싫거든요.

사이토 일반적인 여성도 그럴까요?

노부타 그럼요, 제가 그렇게 특이하다고 생각하지는 않아요. 그건 동성을 만나면 직감적으로 느낄 수 있어요. 예를 들어 여성끼리 서로 소위 '여장女裝했구나', 하고 느낄 때가 있어요. "오늘도 여장 잘 했네"라든가. 타인의 눈에 여성적으로 보이기 위해 옷차림과 태도를 거의 매일 꾸며내니까요.

사이토 여장한 사람끼리 서로 이해한다?

노부타 그런 거죠.

사이토 그 말은 여장이라는 여성 혐오를 안고 있으면서 여성인 척 한다는 뜻인가요?

노부타 네. 그야 여성 혐오를 하면서도 여성으로 있을 수밖에 없으니까요. 그래서 더 교묘하게 여장을 하려는 게 아닐까요?

사이토 여장의 문제도 있군요. 저는 책에서 여성은 늘 여성의 몸을 입고 있는 상태라고 썼습니다.

노부타 맞아요, 맞아.

사이토 가와카미 미에코川上未映子● 씨도 늘 "옷은 벗어도 몸은 벗을 수 없다"라고 하셨죠. 이러한 문제의식을 남성은 공감도 이해도 할 수 없어요.

노부타 그럼 남성은 남성의 몸을 어떻게 자각하고 있나요?

사이토 몸에 대한 자각이 없습니다.

● (옮긴이주) 일본의 소설가이자 시인, 배우이다.

나는 엄마가 힘들다

노부타　네? 없다고요?

사이토　이건 모르셨겠죠. 정신분석학적으로 남성은 몸을 갖고 있지 않아요. 바꿔 말하면 남성의 몸은 투명해서 일상에서는 자신의 몸을 거의 의식하지 않습니다.

노부타　아, 그렇군요. 그러면 여기만?(성기 부분을 손가락으로 가리키며)

사이토　아니, 꼭 거기만은 아니지만. 타인의 페니스를 인식하기는 하지만 일체화를 느끼지는 않아요. 게다가 타인의 몸에 관해서는 거의 의식이 없죠.

노부타　그래서 배가 남산만큼 나와도 아무렇지 않게 다닐 수 있는 거군요(웃음). 저는 지하철에서 남자들이 남산만 한 배나 숱없는 머리를 내놓고도 아무렇지 않게 꾸벅꾸벅 조는 모습을 보고 부끄러운 줄도 모른다고 생각했는데 거기에는 그럴만한 이유가 있었네요.

사이토　네, 그런 경우죠.

노부타　수수께끼가 풀렸어요.

사이토　남성은 어려서부터 몸과 관련된 훈육을 받지 않기 때문에 남성에게는 몸을 배려하는 습관이 애초에 없는 셈이지요. 여자아이는 어린 시절부터 "여자답게 행동해"라는 말을 듣습니다. 그 말 안에는 여성다운 몸을 만들라는 명령도 들어 있다고 생각합니다. '몸을 깨끗하게 하라'거나 '남성을 매혹시킬 수 있게 몸을 가꾸어라'라는 식으로. 적어도 남성은 그런 교육은 받지 않아요. 교육으로 강요받는 대신 이성의 시선을 의식해 몸을 깨끗이 하고 싶은 사람은 그렇게 하고 그렇지 않은 사람은 그냥 더러운 채로 지냅니다.

노부타 그렇다면 여성에게 인기를 얻는 요인은 뭘까요? 예를 들어 젊은 남자들 중에 유독 인기 있는 스타일이 있잖아요. 그건 신체성과 어떤 관계가 있을까요?

사이토 남성은 여성화됨으로서 신체를 의식하게 된다고 생각합니다. '갸루남ギャル男'●이라고 해서 갸루ギャル●●들과 사이좋게 지내는 남성들이 있는데 그들은 어떤 의미에서는 의사소통 능력이 출중하고 부분적으로 여성화되었다고 생각해요. 남성도 몸을 가꾸지 않으면 안 된다는 걸 이성을 통해, 혹은 자신이 소속된 친목 모임에서 교육받는 거죠. 그래서 일부 남성은 과도하게 몸을 가꾸게 됩니다.

● (옮긴이주) 1990년대 후반 일본의 남성 길거리 패션, 혹은 그 계통의 패션을 즐기는 남성들을 총칭한다.
●● (옮긴이주) 영어 단어 girl의 속어 gal에서 유래한 외래어로, 특히 엉뚱하고 톡톡 튀는 패션이나 라이프스타일을 공유하는 젊은 여성들을 지칭한다.

노부타 그러면 살기가 편해질까요, 힘들어질까요? 어느 쪽으로 기울까요?

사이토 둘 다라고 생각합니다. 사춘기 집단은 의사소통 능력이 극단적으로 출중한 사람들과 극단적으로 서툰 사람들로 나뉘어 있죠. 지금도 스쿨 카스트school caste●라는 게 존재하잖아요. 교실 내에 신분 서열이 존재한다는 뜻인데, 의사소통 능력이 출중한 집단은 스쿨 카스트의 상위에, 서툰 집단은 최하위에 놓이게 되죠. 하지만 상위에 있는 사람도 방심할 수는 없어요. 자신의 진짜 성격을 드러내는 순간 괴롭힘을 당하기 때문에….

노부타 상위 계급으로 올라가기 위해서는 여성성을 받아들이지 않으면 안 된다는 말인가요?

사이토 이성관계나 이성과의 커뮤니케이션 능력이 계급 상승의 필수조건인 것 같아요.

● (옮긴이주) 학급에서 외모, 성격 등에 따라 집단이 나뉘어 서열과 차별이 존재하는 일종의 계급이 형성되는 현상을 가리킨다.

다시 태어나고 싶은 엄마

사이토 다시 하던 이야기로 돌아가서 방금 전 말씀으로는 몸을 통한 여성의 일체화 계기는 초경이라는 뜻이군요.

노부타 초경, 혹은 임신이죠. 저도 아이가 있는데, 임신했을 때 엄마가 "너, 애 낳으려고?" 하고 물었어요.

사이토 심오한 질문이군요.

노부타 네. 제가 임신했다는 걸 알고 맨 처음 한 말이었으니까요. 저는 그제야 '그렇구나. 이 사람은 자식을 낳고 싶지 않았구나'라고 느꼈어요. 제 여동생이 셋째를 임신하니까 엄마가 "왜 셋이나 낳으려고 하니?" 하고 물었어요. 그런 이야기가 지금의 저희 대화와 관련이 있다고 생각해요.

사이토 굉장히 중요한 이야기입니다. "애 낳으려고?"라는 질문에는 물론 '왜 굳이 그런 사서 고생을'이라는 의미도 들어 있다고 생각해요. 딸에게 질투를 한다고 할까, '너도 한번 당해봐라' 하는 심정도 있을 테고요. 어떻습니까?

노부타 제 경우에는 '깜짝 놀랐다'고 할까, '넌 자식을 안 낳을 줄 알았는데'라는 엄마의 시선이요. 그 배후에 질투가 있는지, 아니면 같은 고생을 하게 되었다는 연민의 마음이 있는지는 잘 모르겠지만요.

사이토 말이 나온 김에 노부타 씨는 모녀 관계가 힘들지 않았나요?

노부타 네. 엄마 때문에 힘들었던 적은 별로 없고 제 딸과도 비교적 관계가 원만합니다. 딸은 어떻게 생각할지 잘 모르겠지만요.

사이토 하지만 《엄마가 부담스러워 견딜 수 없다》를 쓰는 과정에서 여러 가지 문제의 양상이 보였을 텐데요, 노부타 씨는 어디에도 해당되지 않나요?

노부타 네.

사이토 역시 노부타 씨에게는 남의 일이었군요. 남의 일이라고 하면 어폐가 있겠지만 여성으로서는 당사자여도 모녀 문제만 놓고 보자면 남의 일이라고 할까요.

노부타 그렇게 분류한다면 남의 일이 되겠지요. 기본적으로 남의 일이었기 때문에 책으로 쓸 수 있었다고 생각해요.

사이토 그렇지만 아무래도 여성이기 때문에 내가 당사자라는 의식도 절반쯤은 있었을 텐데요.

노부타 물론 그래요. 끊임없이 제 경험을 환기하는 작업이었어요. 가령 딸을 통해 다시 태어나고 싶다는 바람이 제 안에 없는 건 아니었거든요. 첫아이를 가졌을 때 저는 꼭 딸을 낳고 싶었어요. 제왕절개를 해서 낳는 동안에 의식이 있었는데 "뭐예요?"라고 물었더니 "아들입니다"라고 하는 거예요. 그 말을 듣고 어찌나 실망했는지. 아들에게는 절대 비밀이지만요 (웃음). 딸을 간절히 원했어요—자기주장이 강하고, 머리가 좋고, 남자를 실컷 등쳐먹고, 결혼 따위 하지 않고 살기를 바랐거든요.

사이토 르상티망ressentiment●도 없이 그런 생각을 하셨단 말인가요?

노부타 아뇨, 르상티망이에요(웃음). 물론 바람직하지 못한 생각이지만 그 이상의 욕망, 혹은 기대가 있었어요.

사이토 다시 태어나기를 바라는 욕망을 여성 일반은 공감할 수 있을까요? 남성은 아무래도 공감하지 못하죠.

노부타 남자로 다시 태어나고 싶은 바람은 전혀 없어요. 딸과는 같은 몸—이렇게 나이를 먹었지만 젊은 시절부터 싫어도 볼 수밖에 없었던 다양한 몸—을 갖고 있다는 점에서 우리는 함께 투쟁할 수 있을 거라 생각했어요. 그런 의미에서 딸과 함께 투쟁하고 싶었고 딸이 대찬 여자아이로 자라기를 바랐어요.

사이토 한편으로는 딸이 성공하면 발목을 잡고 질투하는 엄마도 있

● (옮긴이주) 본래는 '원한'을 뜻하는 단어이지만 일본에서는 자기보다 나은 형편에 있는 사람들에 대한 '막연한 분노'를 뜻하는 말로 종종 쓰인다.

나는 엄마가 힘들다

습니다. 그래서 딸을 통해 다시 태어나고 싶다는 바람과 질투는 얼핏 모순되는 것처럼 보입니다만 뿌리는 같다고 할 수 있을까요? 같은 입장에서도 다른 생각을 한다는 건 거리감의 차이일까요?

노부타 그건 엄마의 성취감이라고 할까, 엄마가 자신의 인생에서 무엇을 달성했느냐에 따라 다르다고 생각합니다. 성취를 경험한 적이 없거나 혹은 스스로 만족할 만큼 성취하지 못한 경우에는 딸을 끌어내리려 하겠지요. 하지만 일정 정도의 성취를 경험해본 엄마라면, 가령 성취도 최고점이 1미터라고 할 때, 50센티미터 정도의 성취감만 있으면 함께 투쟁하려 하지 않을까요? 성취도의 차이라고 생각합니다.

사이토 거꾸로 생각했습니다. 성취도가 낮은 사람이 딸을 통해 다시 태어나기를 더 간절히 바라지 않을까 하고.

노부타 그건 아니라고 생각해요.

사이토 성취도가 낮아서 딸에게 질투를 느끼거나 발목을 잡고 싶어진다?

노부타 다만 여배우의 부모 케이스를 보면 대개 성취도가 높은 쪽이 발목을 잡아요. 또 다큐멘터리를 쓰는 어떤 여성 작가는 딸이 책을 내면 갈기갈기 찢는다고 하는데, 제 느낌으로는 반대의 사례도 있어요.

사이토 성취도가 높으면 높아서 질투한다는 건가요?

노부타 네. 성취도가 높다는 건 여기까지일 거라는, 즉 자신이 세워 놓은 나름의 기준이 있다는 뜻이에요. 그렇기 때문에 딸이 자신을 능가하려는 것에 대한 두려움이 생기죠.

사이토 직업에 따라 다르지 않을까요? 학자로서의 성취도와 배우로서의 성취도를 비교하면….

노부타 몸을 쓰는 직업이냐, 머리를 쓰는 직업이냐가 문제라는 말씀이군요. 과연, 그럴 수도 있겠네요. 역시 몸을 쓰는 쪽이 더 질투하게 될지도 모르겠어요. 겉으로 확연히 차이가 나니까요.

사이토 젊음이라든지.

노부타 백설공주의 새엄마네요.

사이토 딸을 통해 다시 태어난다는 건 "나는 이루지 못했으니 너에게 맡길게"라는 느낌인데요. 나도 여기까지 왔으니 너도 와라, 그리고 뛰어넘어라, 하는 마음도 있을까요?

노부타 있을 수 있겠지요. 저는 그 점에 관해서는 일찌감치 포기해서 아주 다행이라고 생각해요.

사이토 비결이 뭔가요?

노부타 딸에게는 다른 장점이 있어요. 뭐랄까 굉장히 사랑스러웠거

나는 엄마가 힘들다

든요. 지금도 사랑스럽지만. 그런데 이렇게 제 개인적인 얘기를 해도 될지.

사이토 아니, 오늘은 그런 이야기를 해주십사 하고 모신 거니까요. 과연, 어느 시점에서 방향성이 다르다는 사실을 깨닫게 되었다? 다만 그런 깨달음을 얻기가 참 힘들다는 문제가 있군요.

노부타 그리고 또 하나, 제가 남성의 눈이라고 할까, 남성적 시선을 가지려고 해서 그런 시선으로 딸을 보았을 가능성이 있어요.

사이토 남성의 시선으로요?

노부타 저는 "어쩜 저렇게 매력적이고 아름답고 사랑스러울까?"라는 눈으로 딸을 바라보곤 해요. 그랬더니 "딸을 통해 내가 다시 태어나든 말든 상관없다"라고 느끼게 되었어요. 그러니까 제가 결코 맛보지 못했던 여성으로서의 인생을 딸은 맛보고 있다고 생각하니 가슴이 벅차올랐어요. 저처럼 부자유스럽게 살지 않아서 다행이라고 생각했어요.

사이토 따님이 둘이었다면 어땠을까요?

노부타 어려운 질문이네요.

사이토 그러면 일반론이라도 좋습니다.

노부타 예리하시군요. 둘이었다면 힘들었을 거예요. 하나여서 다행이라고 생각해요.

사이토　그렇군요.

노부타　제게 상담을 받으러 오는 분 중에는 자매의 갈등이나 엄마가 언니와 자신을 차별한다는 이유로 힘들어 하는 분이 참 많으니까요.

사이토　모녀 문제와 관련해 자매간에 문제가 생겨 찾아오는 분도 있습니까?

노부타　섭식장애를 겪는 분들이 대부분 그래요. 섭식장애 사례의 거의 절반이 자매간의 질척거리는 투쟁과 관련되어 있어요. 그게 아니어도 엄마에게 명백하게 차별받았다면서 마흔, 쉰이 넘어 찾아오는 분도 있고요.

사이토　섭식장애 사례에는 어쩌면 모녀 문제가 응축되어 드러나기 쉬울지도 모르겠군요. 거기에 딸이 하나가 아니라 둘이 되면 더욱 복잡해지고 해결하기 힘들어지죠. 치료도 어렵고.

노부타　보통 힘든 게 아니에요. 지금 당장 증상이 확실한, 난동을 부리는 딸을 우선하면 다른 딸을 집에서 내보내야 해요. 그럴 때 보통 집을 따로 구해주는데, 그러면 또 그렇게 해줬다고 질투하는 일이 생기고. 다마키 씨도 늘 경험하시겠지만요.

사이토　치료에 대한 화제로 넘어왔으니 이참에 모녀 문제의 치료에 대해 이야기를 나누고 싶은데, 대개는 어떤 증상으로 찾아옵

　　　　　　　　　　　나는 엄마가 힘들다

니까?

노부타 아뇨, 저희는 상담기관이라서 기본적으로 '증상'은 다루지 않아요. 이것이 기본적 입장이라서 오히려 마음의 고민이나 골칫거리를 다룹니다.

사이토 진단 없이 갈등을 해결한다?

노부타 네. 저희는 정신과 의사가 아니기 때문에 진단도 하지 않고 증상이라는 말도 쓰지 않아요. 물론 약도 처방하지 않습니다.

사이토 모녀 문제로 고민하는 경우 일반적으로 딸이 더 많이 찾아올 것 같은데 그럴 때는 어머님을 부릅니까?

노부타 부르기도 해요. 모녀 관계든 섭식장애든 개입이 필요하면 어머님도 와주십사 요청합니다. 단, 저희는 그런 사례가 그렇게 많지는 않아요. 딸이 회사를 잘 다니는 등 사회적으로 별 문제가 없고 혼자 살고 있는데도 엄마의 존재를 부담스러워하면 그렇게 간단히 어머님을 부를 수는 없어요. 또 따님이 어머님의 개입을 바라지 않을 수도 있고요.

사이토 아, 그렇군요.

노부타 요컨대 엄마를 부르기가 미안하다는 거죠. 이런 사람들은 자신이 엄마를 힘들게 한다는 미안함에 심한 죄책감을 느껴요. 그래서 어머님을 센터로 모시는 문제는 전적으로 당사자의 의견을 따르는데요, 엄마가 왔으면 좋겠다고 생각하는 사람은 거의 없어요.

사이토 아, 정말 그렇습니까?

노부타 네, 거의 없어요. 5퍼센트 정도 '엄마가 달라질지도 몰라' 하고 덧없는 희망을 품는 사람도 있지만 나머지 95퍼센트는 '안 될 거야'라고 생각해요. 거기다 그 사람들은 "와줘"라고 부탁했다 거절당하고 상처받을 걸 두려워합니다.

사이토 거절에 대한 공포네요.

노부타 네, 공포죠. 하지만 저는 솔직히 어머님을 자리에 불러 따님이 얼마나 괴로워하는지를 알려주고 싶어요. 그리고 그걸 계기로 어머님 쪽도 "그렇구나, 이렇게 내 존재가 부담이 되었구나. 나는 어떻게 하면 좋을까" 하고 깨닫기를 바라요.

신체 감각의 남녀차

사이토 제 책에서 다카이시 고이치 씨의 '마조히스틱 컨트롤'을 언급했는데, 이런 식으로 통제를 당해서 엄마에 대한 죄책감 때문에 문제 해결에 나서지 못하는 사례가 많습니까?

나는 엄마가 힘들다

노부타 대부분이 마조히스틱 컨트롤이죠. 상담센터에 찾아오는 분은 거의가 그렇습니다.

사이토 말하기 조심스럽습니다만 이런 현상은 특히 일본적인 것 같아요.

노부타 모성 의존적 사회 심리를 지칭하는 '아자세 콤플렉스阿闍世コンプレックス'●라는 말도 있잖아요. 저도 그렇게 생각해요. 엄마의 불행이 훈장인 나라니까요. 이런 경향은 메이지 시대 이후에 생긴 걸까요? 에도 시대에도 그랬을까요?

사이토 글쎄요. 프랑스 사상가 엘리자베트 바댕테르Elisabeth Badinter에 따르면 봉사하는 엄마, 이른바 '현모양처' 이미지는 루소 Jean-Jacques Rousseau와 프로이트Sigmund Freud 이후에 생겼다고 해요.

노부타 봉사와 희생을 같다고 볼 수 있을까요?

사이토 죄책감으로 딸을 옥죈다는 점에서는 같다고 할 수 있겠지요.

노부타 메이지 시대 이후에는 희생으로 봐야겠죠. 희생하는 엄마의 힘이란 게 참으로 대단했어요.

● 자기희생적으로 봉사하는 어머니를 보며 아이가 느끼는 죄책감을 가리킨다. 일본의 정신분석학 선구자 고사와 헤이사쿠古澤平作가 불교 설화를 근거로 이론을 세우고 오코노기 게이고小此木啓吾가 발전시켰다.

사이토 지배력이 엄청나죠. 확실히 마조히스틱 컨트롤의 뿌리는 비교적 가까운 곳에 있다는 생각이 듭니다.

노부타 맞아요. "어머니는 밤늦도록 장갑을 짜주었다母さんは夜なべをして手袋編んでくれた"●라는 노랫말이 있잖아요. 그걸 들으면 가슴이 찡해지고 눈시울이 뜨거워지는 자체가 이미 마조히스틱한 엄마의 통제하에 있다는 뜻이 아닐까요.

사이토 노구치 히데요는 출세의 상징이 되었고요.

노부타 다나카 가쿠에이田中角榮●● 씨도 그렇지요.

사이토 이건 간접적으로 다시 태어난다는 스토리와 관련이 있지 않을까요?

노부타 다시 태어난다는 생각은 상당히 현대적인 현상이라고 생각해요. 다시 태어날 수 있다는 가능성을 믿는 것 자체가 자아를 형성한다고 할까, 주체를 형성하는 기량이 아닐까요?

사이토 남성의 경우는 아무래도 자식을 통해 다시 태어난다는 생각에 대한 이해가 부족해서인지 한 사람의 주체로 완결되는 면이 있어요. 특수한 직업에 종사하거나 이에제도家制度●●● 같

● (옮긴이주) 일본 가곡 〈어머니의 노래かあさんの歌〉 가사의 일부.
●● (옮긴이주) 고졸 토목기사로 시작해 총리까지 오른 입지전적인 인물.
●●● (옮긴이주) 메이지 시대의 가족 제도로, 호주戶主를 중심으로 그와 가까운 친족관계 구성원

은 것이 있다면 전통이나 가업을 맡긴다고 생각할지도 모르지만 그건 자신이 다시 태어나는 것과는 다른 차원의 문제로 인식되거든요. 여성의 경우만 유독 신체와 관련되어 있다는 느낌이에요. 이건 유전이라고 할지, 형태적으로 물려받는 생명의 흐름일까요?

노부타 가령, 노골적으로 말하자면 다마키 씨에게는 정자가 있잖아요. 아들이 생기면 아들도 정자를 갖게 됩니다. 그러면 아들의 정자와 내 정자가 연결되어 있다는 느낌이 있나요?

사이토 전혀 없습니다.

노부타 그렇죠. 다른 여성분들은 어떻게 생각할지 모르지만 여성에게는 난자가 있고 생리가 있고 젖가슴이 있어요. 그것이 제게는 아주 가시적이어서 일종의 유대감을 느낍니다. 체감이라고 하면 될까요? 생리통이 좋은 예겠지요. 딸이 생리통을 앓을 때, 저도 같은 고통을 느낍니다. 아들과는 다른 점이죠.

사이토 역시 몸과 관련이 있다?

노부타 그렇죠.

사이토 동지라고 해야 하나, 동일시라고 하는…?

들을 한 집에 속하게 하여 호주에게 집안의 통솔 권한을 부여한 제도이다. 에도 시대 무사 계급의 가부장적 가족 제도를 기반으로 한다.

노부타 네.

사이토 분명 정자와 난자의 유대감은 상당히 다를지도 모릅니다.

노부타 문득 생각났는데 제가 보기엔 남성 자체가 수수께끼 같은 존재에요.

사이토 어떤 점이요?

노부타 수수께끼투성이죠. 어떻게 자기 딸을 성적인 대상으로 볼 수 있을까? 성적 학대에 대한 이야기를 들을 때마다 제게는 정말 수수께끼 같은 존재로 느껴져요.

사이토 반대는 없습니까? 엄마와 아들의 근친상간 관계라든지.

노부타 저는 절반이 픽션이라고 생각해요.

사이토 픽션이요?

노부타 네. 저희 센터에도 그런 전화가 자주 걸려오는데 거의가 장난전화에요. 성적인 장난전화 유형 중 하나라고 생각합니다.

사이토 확실히 상담과 결부된 사례는 적을지 모르니 비교는 무리지만 흔히 근친상간이라고 하면 일본에서는 모자 관계, 유럽은 부녀 관계가 주류라고 해석하죠.

노부타 절대 그렇지 않아요. 일본에서도 부녀 관계에서 발생하는 성적 학대가 주류입니다.

사이토 제가 말씀드린 건 속설이죠. 단순한 밀착관계는 말도 안 되게 많지만요.

노부타 저는 대체 언제쯤 그 속설이 사멸될지 궁금해요. 이렇게 성
적 학대가 표면화되고 있는데, 자신의 정자와 아내의 난자로
만든 딸을 어떻게 성적 욕망의 대상으로 삼게 되는 것인지
정말 수수께끼예요.

사이토 정신과 의사 나카이 히사오中井久夫가 했던 말인데, 일반적으
로 근친상간이 성립하기 힘든 이유가 육친끼리는 체취를 공
유하기 때문이라고 해요. 그러니까 '가깝다'는 감각이 억제
력을 발휘한다는 거죠. 그런데 남성은 방금 말씀하신 것처
럼 신체적 유대감이 전혀 없어요. 딸은 물론이고 아들에 대
해서도 전혀 없습니다. 타자화되어 자신과 관계가 없는 이
성으로 볼 수 있게 되지요. 다만 노부타 씨는 따님을 남성의
시선으로 보고 '사랑스럽다'고 느끼셨다고 했는데, 그것과
비슷한 상태라고 생각해요.

노부타 그런가요.

사이토 자신과는 전혀 다른, 단순히 젊은 이성이라고 해석할 수 있
습니다.

노부타 하지만 아내에게는 타자성을 느끼지 않잖아요?

사이토 그렇죠.

노부타 딸에게는 타자성을 느끼고 아내에게는 타자성을 느끼지 않는 남자란 대체 어떻게 생겨 먹은 거죠? 대환상對幻想●이 남자의 것이라는 말과 관계가 있을까요?

사이토 그건 아주 단순해요. 대환상으로 단단히 뿌리박힌 남성의 논리 중에는 암컷은 어릴수록, 예쁠수록, 나와는 거리가 있을수록 좋다는 게 있어요. 비교적 단순한 논리로 산다고 생각합니다.

노부타 그러면 아내는 대체 왜 필요한 거죠?

사이토 이제 젊지도 않고 익숙하다는 의미에서는 지나치게 가까워서 욕망을 느끼지 못하는 점이 크다고 생각합니다. 특히 일본의 경우는 일반적으로 모자 관계가 매우 친밀하고 아버지가 소외되어 있습니다. 그런 소외감도 이 현상의 원인 중 하나라고 생각합니다. 아버지 소외 구도는 일본과 한국에 공통적으로 나타나죠. 또 한 가지 공통점은 섹스리스 부부라는 점이에요. 이 또한 한국과 일본에서만 나타나는 현상인

● 이성異性이라는 인식과 함께 남자와 여자 사이에 존재하는 환상 관념으로 가족과 연인 사이에 공유된다. 전후 일본을 대표하는 사상가 요시모토 다카아키吉本隆明가 1968년에 발표한 《공동환상론共同幻想論》에서 자기환상自己幻想 · 공동환상共同幻想과 함께 인간 환상 영역의 한 카테고리로서 제창한 개념이다.

　　　　　　　　나는 엄마가 힘들다

것 같아요. 아버지 소외는 섹스리스와 깊이 관련되어 있다고 생각합니다.

노부타 그 소외가 가정의 평화에 공헌하느냐 하면 그렇지 않아요. 예를 들어 가정폭력은 아버지가 소외된 가정에서 더 많이 발생하거든요.

사이토 아니, 소외당하기 때문이 아닐까요?

노부타 아, 그런가요. 소외당하기 때문에 가정폭력이 발생한다? 저는 가정폭력이란 타자성이 거의 없기 때문에 발생한다는 가설을 세웠는데요.

사이토 말씀하신 대로입니다. 저는 자식이 부모에게 가하는 폭력에 특히 주목하고 있는데, 기본적으로 대응법은 그렇게 특별하지 않습니다. 제삼자가 개입하거나 경찰을 부르거나 집을 나가거나. 이 중 한 가지가 아니면 해결되지 않아요. 또 가해자와 피해자를 분명히 구분하고 거리를 두지 않으면 달라지지 않습니다.

또한 가정폭력을 해결하기 위해서는 부모가 아이를 분명한 타자로 대해야 합니다. 무슨 말인가 하면 자식이 폭력을 휘두르려 할 때 "이번엔 경찰을 부를 거야"라고 선언하고 정말 경찰을 부르는 겁니다. 많은 사례가 이 방법으로 해결되었어요. 하지만 이것은 가해자가 아이일 경우입니다. 어른인 부모는 더 악질적이라서 경찰을 부르는 것만으로는 효과가 없어요. 그래도 구도는 비슷하다고 생각합니다. 소유물이라는 의식. 아들이 엄마를 소유하고 있다고 생각하면 엄마에게 폭력을 휘두르게 되고, 남편이 아내에게 거리감을 느끼면서도 아내를 소유하고 있다고 생각하면 자기 말을 듣지 않을 때 버럭 화를 내고 폭력을 휘두르는 경향이 있지 않습니까?

노부타 소유한다는 생각이 가장 악질적이죠.

사이토 그렇습니다.

여성과 대환상의 낮은 친밀도

노부타 그런데 다마키 씨는 엄마와 딸의 근친상간적인 요소를 지적하셨는데요. 저도 거기에 굉장히 관심이 많아요. 그 부분에 대해 좀 더 말씀해주시겠어요?

사이토 프랑스의 정신분석학자 카롤린 엘리아셰프Caroline Eliacheff의 이론을 먼저 소개할게요. 얼마 전부터 화제가 되고 있는 '몸의 공유'에 대한 설이에요. 매우 친밀한 신체적 관계, 예를 들면 옷을 서로 돌려 입는, 부자간에는 거의 있을 수 없는 상황이 모녀간에는 쉬이 일어납니다. 모녀는 동성으로 플라토닉한 관계이기 때문에 도리어 근친상간적이라는 역설적인 말로 표현되는데 정신적 결합과 육체적 친밀함이 중첩되는 상황이라고 생각합니다. 상담 현장에서도 이런 일을 자주 접하지 않습니까?

노부타 딸의 결혼을 방해하는 어머니가 좋은 예라고 생각합니다.

사이토 방해라면 상대 남성에게 딸에 대한 트집을 잡는다는 말인가요?

노부타 일례로 상대에게 전화가 오면 "없어요"라고 거짓말을 한다거나 엄마에게 교제 사실을 숨기고 몰래 남자친구를 사귀던 딸이 결국 상대를 집에 데리고 오면 그 자리에서는 생글생글 웃다가도 상대에 대한 신상 정보를 전부 메모하고 "20점. 이런데도 너 결혼할래?"라고 나와서 결과적으로는 둘 사이를 갈라놓는 식입니다.

사이토 딸은 그걸 당해내지 못하는 걸까요? '낭만적 사랑 이데올로기'●는 엄마 앞에서는 힘을 쓰지 못하는 겁니까?

● 근대 서구의 성규범·성도덕으로 사랑, 성, 결혼을 삼위일체로 생각하는 것. 특히 고도 성장기 이후 일본의 가족개념을 형성한 기본 개념으로, 이에 따르면 혼전 성교나 불륜 등은 일탈 행위로

노부타 네. 엄마의 존재 앞에서는 낭만적 사랑 이데올로기가 무력하다는 뜻이에요. 그러고 보니 놀랍네요. 엄마는 낭만적 사랑 이데올로기에 실망한 걸까요.

사이토 여성과 대환상의 낮은 친밀도가 그 이유라고 봅니다.

노부타 저는 단카이 세대團塊世代●의 초입에 해당되는데, 이 세대는 낭만적 사랑 이데올로기를 강하게 세뇌받았죠. 대환상이 강합니다. 뭔가 음모가 있었던 게 아닐까 의심스럽기도 해요.

사이토 하지만 표준적 가치로 전 세계가 받아들이지 않았나요?

노부타 아, 그랬나요? 전 세계가 그랬다고요?

사이토 그렇지 않을까, 막연하지만 저는 그렇게 생각합니다만.

노부타 왜 전 세계가 그랬다는 거죠?

사이토 당시 '사랑과 평화'가 세계적 이슈였으니 그렇지 않을까요?

(웃음)

노부타 68년부터 70년대 무렵이죠. 과연 그렇군요. 일종의 거대 담론이라고 할까, 이데올로기의 융성과 낭만적 사랑 이데올로기가 양립 가능하군요.

사이토 반反이데올로기로서의 대환상이 있지 않습니까?

간주된다.
● (옮긴이주) 1947~1949년에 태어난 일본의 베이비붐 세대를 가리킨다.

노부타   깜빡 속았어요, 우리는.

사이토   아니, 속았다는 말에는 좀 어폐가 있습니다. 역시 낭만적 사랑 이데올로기는 좋지 않나요?

노부타   아니, 그건 애초에 불가능한 게 아닐까요?

사이토   결과적으로는 불가능하겠지만 모두가 속은 덕분에 가족은 유지되지요.

노부타   그러니까 현대 가족을 유지하기 위한 하나의 장치라고 생각하면 충분히 이해합니다. 그걸 지켜왔어요.

사이토   저는 가족은 필요악이라고 할까, 반드시 있어야 한다는 입장인데 어떻습니까?

노부타   저도 그래요.

사이토   왠지 더 하시고 싶은 말이 있는 것 같은데요?

노부타   저는 일상적으로 가정폭력이나 성적 학대의 피해자를 접합니다. 그들이 가족으로부터 받는 피해를 고려하면 그들에게는 가족이 아닌 다른 공동체가 있는 게 낫겠다고 생각했어요.

사이토   그건 그렇죠. 제가 말하는 가족이란 선택 가능한 가족도 포함한 가족입니다. 다만 대개는 혈족이 너무 끈끈하다 보니 스스로 가족을 선택하는 사람이 그렇게 많지 않지요. 그렇게 하기는 어려울까요? 자신과 비슷한 기질의 사람과 가족을 구성할 수도 있을 텐데요.

노부타 며칠 전 어느 잡지와 인터뷰를 했는데 중장년 여성들은 "남편이 자신보다 반드시 먼저 죽는다"라는 생각을 많이 한대요. "남편이 죽고 나면 나는 혼자서 몇 년을 살겠지. 그때를 위해 지금 뭘 해야 할까?"라는 계획을 세운다는 거죠. 대환상을 대하는 중장년 여성들의 냉정함에 숨이 멎었어요.

사이토 역시 남편에게 절망한 결과일까요? 그래서 그 일부가 딸에게 향하는 게 아닐까 해요.

노부타 '앞으로 몇 년 안에 나는 혼자가 된다'라는 생각을 하는 사람에게 딸은 중요치 않아요. 그보다 "노후라니, 생각하지 않아도 되잖아. 딸이 있으니까"라고 말하는 사람이 딸에게 기댑니다. 다양한 방법으로 다가가죠.

사이토 말씀하신 중장년 여성들의 경우 같은 세대의 사람들이 유사 가족처럼 함께 모여 사는 겁니까?

노부타 유사 가족이라고 할까, 혼자 살지만 늘 왕래한다든가, 포이어 foyer(사교의 장)라고 할까, 공동 공간을 마련하고 거기에서 함께 쉰다든가. 그 잡지의 테마가 '친구를 만드는 법'이었어요 (웃음). 정말 깜짝 놀랐습니다. '소녀회귀乙女再び'가 아닌가 싶어서. 이 사람들이 사춘기를 다시 한 번 겪으려는 건가 싶고.

나는 엄마가 힘들다

사이토 하지만 그럴 수도 있고요, 다 그렇지 않습니까?

노부타 그렇습니까? 남자도 그런가요?

사이토 전혀 아닙니다. 남성에게는 무리에요. 그런 계획성은 일절 없어요. 남성은 그렇게 논리적으로 생각하지 못해요. 그러니까 은둔형 외톨이처럼 방에 틀어박혀서 나오지 않는 일이 벌어지죠. 앞날을 생각하는 아버지는 거의 없어요.

노부타 저도 그렇게 생각해요. 아버지는 앞날을 생각하지 않는다고…. 그저 뜬구름 잡는 생각만 하죠.

사이토 네. 그건 허구에 대한 남녀의 의식 차이라고 생각합니다.

노부타 그런가요? 그래서 정년퇴직을 하자마자 '나, 오늘부터 어떡하지'라고 느끼는 건가요?

사이토 남성은 대부분 그렇지 않을까요?

노부타 그렇게 살 수 있다니 부럽네요. 역시 저는 다시 태어난다면 남자로 태어날래요.

사이토 방금 생각하신 겁니까?

노부타 네. 장래를 생각하지 않아도 누군가가 뭔가를 해준다면 말이죠.

사이토 단순한 도피라고 생각합니다만.

노부타 도피할 수 있잖아요. 하지만 여성은 도피할 수 없어요.

사이토 아니, 그건 의지의 차이에요.

노부타 그건 여성이 그렇게 할 수밖에 없기 때문이에요. 저도 각오 따위 하고 싶지 않다고요.

사이토 그런 경험을 많이 하다 보니 각오를 다지는 능력이 남달라졌다는 말이군요.

노부타 가령 인공자궁을 남성에게 집어넣고 "너희도 출산해"라고 한다면 그렇게 마음먹을 수 있으세요?

사이토 그 정도라면 쉽지 않겠지요.

살아남는다는 함정

사이토 복잡한 모녀 관계에는 성이 얽혀 있다고 생각해요. 즉 성 편견입니다. 여성에게 불리한 사회이기 때문에 어머니는 자신이 살아남기 위해 터득한 지혜를 딸에게 전하지 않으면 안 된다고 생각합니다. 이를테면 여성이라는 이유로 제도 교육을 받지 못해서 학력이 낮은 어머니가 딸의 학력에 유난히 집착하는 것처럼. 하지만 그 전달 양식이 일그러져 있기 때문에 오히려 고통을 주거나 속박하는 면이 많은 게 아닐까요? 아버지란 존재는 말하자면 추상적인 규범을 전달하는 입장이라서 그 규범 아래서 상징적인 '아빠 죽이기'도 할 수 있습니다. 하지만 엄마라는 존재는 '여자는 이렇게 살아야 해' 같은 독자적이고 개인적인 상을 강요한다고 생각해요. 그걸 거스를 수는 없지요.

노부타 하지만 자신이 그걸로 살아남았다고 해서 그 방법이 최선이라고 할 수는 없어요.

사이토 물론 그렇습니다. 그래서 질문입니다. 여성이 살아남기 위해 분투해야만 하는 상황이 있다고 합시다. 밖에 내보이고 싶지 않은 은밀한 지혜 같은 것이 있고, 그걸 가르칠 수밖에 없는 상황이 있지요. 공적인 지식이 아닌 경우, 삐뚤어진 형태가 아니라 거기에 공공성을 불어넣어 떳떳하게 정보를 전달하는 방법이 있을까요?

노부타 여성은 살아남았어요. 하지만 애초에 꼭 살아남아야 하는 걸까요? 성 역할과 제도적인 문제의 영향을 받으며 그 안에서 살아남아왔죠. 처음부터 일그러진 곳에서 살아남았다면 살아남은 것 자체가 문제라고 생각해요. 그것을 공적으로 전달한다는 건 불가능하다고 생각합니다만.

사이토 불가능한 이유 중 하나는 전달하는 내용이 차별적이 될 수밖에 없기 때문입니다. "너는 여자니까 ~해라"와 같이.

노부타 차별의 확대 재생산이 될 수밖에 없다고 생각해요.

사이토 그래서 엄마는 딸에게 은밀한 지혜밖에 전할 수 없다. 하지 만 그 지혜에는 '떳떳치 못한' 성질裏性이 잠재되어 있다. 그 렇다면 공공연하게 전달할 수 없는 불평불만을 어떻게 해소 할까요? 예를 들어 여성 공동체 같은 것이 있다면 그 안에서 다양한 지식을 전수함으로써 일그러진 면을 정정할 수 있을 지 모릅니다. 하지만 지금으로선 그런 공동체는 없어요.

노부타 다른 한 가지 역시 지식이지요. 중장년 여성들이 '자신도 여 성을 차별할지 모른다'는 위험성을 깨닫고 그것과 싸울 필요 가 있어요.

사이토 윗세대가?

노부타 윗세대가요. 저는 그들이 무지해서 차별의 확대 재생산이 일 어난다고 생각하거든요.

사이토 여성이라는 이유로 여성다움을 강요하는 부분에도 확대 재 생산적인 면이 내포되어 있다고 생각하는데 이상적인 여자 아이로 키우려는 경향은 어떻게 생각하면 될까요? 아무래도 들판에 내놓듯이 아무런 제약 없이 키울 수는 없겠죠? 혹은 이중 잣대를 대게 될까요? 세간은 이러하니 이렇게 행동해,

나는 엄마가 힘들다

이런 식으로 말하게 될까요?

노부타 이중 잣대를 엄마가 연기하고 있잖아요, 눈앞에서.

사이토 연기한다. 밖에서는 여성답게, 집에서는 아무런 제약 없이 지낸다는 겁니까?

노부타 그리고 자신의 존재를 깊이 혐오하면서도 "여자라서 다행이야"라고 말한다든가.

사이토 다만 딸 중에는 부모가 이중 잣대를 들이대고 있다는 걸 다 알면서도 감사히 여기며 지배받는 케이스와 단순히 자각하지 못해서 부모의 메시지에 옥죄이는 케이스가 있습니다. 둘 다 문제라고 생각하지만 굳이 따지자면 알고 있는 쪽이 더 문제에요. 이 문제를 피하려면 어떻게 해야 할까요?

노부타 엄마로부터 최대한 벗어나야겠죠. 뭘 해도 딸이 보기에 엄마는 불쌍해요. 어떻게 해도 엄마가 불쌍하다는 생각은 사라지지 않아요. 그렇다면 가능한 한 그 대상에서 멀리 떨어져 사는 수밖에 없지 않을까요? 부모가 세상을 떠나도 소용없어요. 그만큼 복잡하고 까다롭죠. 무덤에 들어가도 엄마의 존재는 살아 있으니.

사이토 정신과 의사 사이토 사토루齋藤學 씨의 책《내재된 엄마는 지배한다—침입하는 '엄마'는 위험하다インナーマザーは支配す

る─侵入する「お母さん」は危ない》를 보면 세상을 떠나든 떨어져 살든 자식에게는 내재된 엄마inner mother가 있어서 엄마에게서 벗어나기란 정말 어렵다고 했어요. 그래도 떨어져 사는 것이 유효합니까?

노부타 네, 꽤 유효하다고 생각합니다. 그리고 낭만적 사랑 이데올로기의 일부를 맛보고 "이제 나에게는 네가 있으니 엄마와는 헤어질 수 있을 것 같아"라고 말할 수 있는 사람을 찾아서 아이를 낳는다든가.

사이토 파트너 혹은 결혼을 통해 말끔하게 해소할 수 있지 않을까요?

노부타 그럴 것 같은데… 아무래도 뜻대로 수월하게 흘러가지는 않을 거예요. 엄마는 강하니까요. 임신하거나 하면 조용히 다가와서 "입덧은 어때? 나 때는 5개월 차부터 태동을 느꼈어" 하고 말을 걸어요. 그런 식으로 모처럼의 대환상이 엄마라는 존재로 말미암아 와르르 무너질 때가 있어요. 때로는 불쌍한 노인을 연기해서 딸의 상대역을 꿰차기도 하고요.

사이토 역시 낭만적 사랑 이데올로기는 쉽게 부서진다?

노부타 네. 지진 경보 장치처럼 장치를 만들어야 해요. "엄마가 가까이 다가온다"라는 걸 사전에 알아차릴 수 있도록…. 어디까

나는 엄마가 힘들다

지나 비유지만요.

사이토 그렇지만 딸의 입장에서도 엄마의 접근을 바라는 경우가 많을 것 같은데요.

노부타 네? 글쎄요, 그건 바란다기보다 그러면 죄책감을 덜어낼 수 있기 때문이겠죠.

사이토 그걸 명쾌하게 결론짓기 위해서는 딸도 여러 가지를 배우고 지식을 갖추는 것이 중요하겠죠.

노부타 억압이 사라진 상황이 이런 문제를 표면화시켰다고 책에 쓰셨더군요. 그걸 읽고 크게 납득했어요.

사이토 지금의 사회가 억압적이어서 모녀 문제가 발생한다고 말하는 사람도 있지만 저는 반대라고 생각합니다. 오히려 공적으로 성 차별이 조금씩 사라지면서 거꾸로 모녀 문제의 일그러진 면이 쉽게 드러나게 되었다는 점을 지적하고 싶었습니다. 공공연한 사회적 차별이 점차 줄어들면서 그와 대조적으로 세상에 드러내지 못했던 은밀한 정보로서의 생존 기술의 가치가 높아진 거죠. 그렇다면 이 문제는 간단히 끝나지 않으리라 생각합니다.

노부타 전적으로 동감합니다.

사이토 방금 전 이야기를 이어서 하자면 여성의 생존 본능 같은 것,

예를 들어 전시에서 살아남았다든지 억압이 강했던 시대를 거친 사람일수록 생존 본능이 강하지요. 그리고 그 본능에 따라 발달시킨 생존 기술을 아랫세대에게 전하고 싶지 않을까요? 다만, 고도성장기도 그렇고 경쟁사회에서 살아남기 위해 치열하게 싸워온 사람이 다음 세대에게 생존 기술을 일그러진 형태로 전달하지 않았을까 생각합니다.

노부타 하지만 그건 남자도 마찬가지예요.

사이토 물론 남자도 있겠지만 남자는 그런 식으로 전달하지 않아요.

노부타 회사에서 흔히 "요즘 신입사원은 어떻게 된 거야. 우리 때는 안 그랬는데"라고 하잖아요. 그것도 일그러진 형태의 전달 아닐까요?

사이토 회사에서는 그럴 수 있어요. 하지만 집에서는 통하지 않지요. 상대해주지 않으니….

노부타 아들에게 전달하는 사람은 없나요?

사이토 그건 실패해요. 아들은 말을 듣지 않으니까, 전달하려 해도 아버지는 반드시 실패합니다. 그런 의미에서 부자 관계는 꽤 메말랐다고 할 수 있지요. 거리감이 있어요. 그런데 모녀 관계에서는 딸이 의외일 만큼 엄마의 말에 순순히 따른다는 느낌이에요.

노부타 　살아남아야만 하는 상황이 상대적으로 완화되면 생존 기술을 일그러진 형태로 전달하는 일이 없어질지도 몰라요. 그러면 엄마도 홀가분해지겠죠.

사이토 　그게 바람직한 방향이겠죠. 오히려 살아남으려는 본능은 노후로 넘어가 딸에게 의존하려는 식으로 유지될지도 모르겠어요.

노부타 　엄마라는 역할도 생존 본능을 일깨우는 데 작게나마 원인이 되지 않았나 생각합니다. 사회에서 일과 육아를 병행하며 열심히 살아온 엄마가 전하는 말은 딸에게 엄청난 부담이 될 거예요. 그런 내용이 담긴 책을 최근 읽은 적이 있는데, 딸은 절대 워킹맘이었던 엄마에게 닿을 수 없어요. 그런 엄마의 말에 담긴 무게는 엄청납니다.

사이토 　에너지가 세다는 뜻인가요?

노부타 　가령 "나는 보육원 세 군데에 너를 맡겨가며 일했어, 열이 나도 일했고", 뭐 이런 식으로….

사이토 　과연. 꽤 억압적이네요.

노부타 　딸은 꽤나 억압받을 거예요. 확실히 여자라는 이유로 받던 사회적 억압은 표면상으로 조금 사라졌을지도 몰라요. 하지만 여전히 넘기 힘든 유리천장이 존재하고 각자 살아남으려

애쓰는 와중에 형태를 바꾼 억압이 의표를 찌른다고 하면 엄마와 딸의 미래가 어떻게 될지 흥미롭기 짝이 없지요.

무적의 엄마와 어떻게 대치할까

사이토 거의 결론 같은 느낌이 되었는데 조금 보충하고 싶습니다. 상담 등을 다양하게 시도해보라고 권장하셨는데, 구체적으로 딸들은 어떻게 해방될 수 있을까요? 먼저 자각하는 것이 중요하다고 생각합니다만.

노부타 다마키 씨가 책에 "이해는 곧 해결"이라고 쓰셨지요. 저도 솔직히 그렇게 생각합니다. 그 구조를 이해한다고 할까, 엄마와 나 사이에 가로막힌 게 대체 뭘까, 긴 시간 동안 관계가 어떻게 구축되어왔을까를 이해하는 것만으로도 70퍼센트는 해결된다고 생각합니다. 다만 매일 압박에 시달린다면 혼자 있기보다 다른 경험을 해본 사람들과 교류하거나, 혹은 자신을 지배해온 생각이 자꾸만 되살아난다면 그것을 수정해주는 전문가의 도움을 받으면 좋겠죠. 저희는 집단 상담을 실시하고 있고, 치료라는 말은 쓰지 않지만 도움은 줄 수 있을

나는 엄마가 힘들다

지도 모릅니다.

사이토 같은 문제로 고민하는 분이 분명 많이 있겠죠.

노부타 있어요. 엄마에 대해 말하면 분위기가 달아올라요. 분위기가 최고로 달아오른 후에는 다들 쾌락에 찬 표정, 태어나서 처음으로 해방감을 맛본 듯한 후련한 얼굴을 하고 있지요. '정말 하고 싶은 말이 많았구나'라고 그때 느꼈어요.

사이토 그 모임에는 다양한 세대가 섞여 있습니까?

노부타 30대 후반부터 60, 70세까지입니다.

사이토 70세까지. 다 함께 해방되는 거군요.

노부타 그 순간만큼은요. 하지만 다시 쿵 하고 압박이 오지요.

사이토 그래서 지적인 이해를 넘어선 문제로서 '아무리 그래도'라는 것이 있군요. 정서적인 유대가 너무 강해서 '알고는 있지만'이라는 말이 나온다고 생각합니다. '알고는 있지만'을 어떻게 극복하느냐가 문제군요.

노부타 엄마를 능가하는 유대는 아니어도 같은 상황에 놓인 타인이나 저희 같은 상담사와 연대하면 20, 30퍼센트 정도는 머릿수로 대항할 수 있어요. 저는 결국에는 머릿수밖에 없다고 생각해요.

사이토 머릿수입니까?

노부타 머릿수입니다. 일대일로 상대하면 반드시 집니다. 이렇게 단정해도 되려나? 하지만 질 거라 생각해요. 엄마는 약할수록 더 '강해'지니까요. 혈압이 높아지고 혈당치가 올라가도요. 치매에 걸리면 더 강해지잖아요, 엄마는 무적이에요.

사이토 무적이죠.

노부타 자신이 무적이라는 자각조차 없다는 점도 두려워요. 놀랍게도 정말 자기가 약자라고 생각하거든요. 모녀 관계로 고민하는 엄마들에게 하고 싶은 말은 조금이라도 좋으니까 "딸은 나와 다른 인간이다, 내 수족이 아니다"라는 걸 인지했으면 좋겠다는 거예요. 많은 엄마들이 딸과 거리를 둠으로써 문득 깨닫는 것 같은데, 그건 고마운 일이라고 생각해요. 엄마와 거리를 두거나 떨어져 사는 딸은 자신을 돌아볼 기회를 얻을 수 있으니까요.

사이토 바로 그겁니다. 질문을 하나 더 하자면 할머니와 손주의 관계에 대해서입니다. 할머니가 엄마를 통해 손주의 양육과 교육에 책임을 느끼는 현상은 어떻게 생각하세요?

노부타 요새 '6개의 주머니'●라는 말이 있지요. 부모가 있고 그 부모

● 한 명의 아이에게 부모 두 사람과 조부모 네 사람, 총 여섯 명으로부터 경제적 지원이 주어지는 것. 저출산으로 부모와 조부모가 한 아이에게 고액의 선물을 사주는 풍조를 가리킨다.

나는 엄마가 힘들다

의 부모도 있고. 그런 일이 있을 수 있어요, 우리 세대에는. 동창회에 가면 온통 손주에 대한 이야기뿐이에요, 다들. 손주의 입시 얘기를 하고 있죠.

사이토 노골적인 지배는 무리군요.

노부타 노골적으로는 말하지 않지만 딸의 엉덩이를 때리니까요. "너, 지금부터 서두르지 않으면 늦어"라고.

사이토 역시 외할머니의 지배가 더 강하다?

노부타 친가는 조용해요. 한때 고부 갈등이 일본 여성들을 억압했지만 어느 정도 거기에서 해방되고 나서 외가는 거리낄 게 없어졌죠.

사이토 확실히 그건 맹점이네요.

노부타 정말 큰손을 휘두르며 서슴없이 불쑥 들어옵니다. 게다가 지금의 젊은이들은 경제력이 없잖습니까? 그래서 집 살 돈을 주면서 이래라저래라 간섭하죠.

사이토 경제적 지배군요.

노부타 네. 돈을 주면서 참견하고 손주의 인생마저도 지배합니다. 할머니가 부담스러워 견딜 수 없는 상황도 언젠가는 일어날 수 있다고 생각해요.

사이토 그렇겠죠. 그런 경우에도 상담이 답일까요?

노부타   다마키 씨를 찾을 수도 있겠죠. 그 정도면 상담만으로도 괜찮다고 생각하지만요.

사이토   그렇군요. 세대가 계속 세분화되면서 고민이 있는 사람이 늘어날 가능성도 있으니 앞으로 우리 책이 많은 분에게 읽히기를 바랍니다.

나는 엄마가 힘들다

대담을 마치고

임상심리사이자 모녀 문제의 권위자이기도 한 노부타 씨와는 전에도 몇 번인가 대화를 나눌 기회가 있었습니다. 이번에는 특히 성역할과 신체성에 관해 여성, 혹은 엄마의 입장에서 충분히 대화를 나눠보았습니다. 전체적으로 '척하면 착' 부드럽게 대화가 진행되었던 것은 입장과 문제의식이 공유된 덕분도 있겠지요.

특히 '딸을 통해 다시 태어나고 싶은' 바람과 질투, 엄마와 딸이 자궁과 난자로 연결되어 있다는 감각, 말로 다 표현하기 어려운 여성성 등 남성의 시각으로는 도무지 이해할 수 없었던 문제에 대해 많은 힌트를 얻었습니다. 임상심리 상담가로서는 드물게 속을 터놓고 이야기해주신 덕분에 더욱 흥미진진한 대담이 되었습니다. 제 졸저와 노부타 씨의《엄마가 부담스러워 견딜 수 없다》를 비교해 읽으면 모녀 문제에 관해 더욱 깊이 이해할 수 있으리라 생각합니다.

사이토 다마키

"
엄마라는, 여자라는
무거운 짐
"

V

모녀 문제는
시대의 산물

미나시타 기류水無田氣流

1970년 가나가와에서 태어나 와세다 대학 대학원 사회과학연구학 박사후과정을 수료했다. 릿쿄 대학 사회학부 겸임강사로 재직 중이다. 저서로《비혼입니다만, 그게 어쨌다구요?!》(공저)《둔해지지 않은 여자들無賴化する女たち》《헤이세이 행복론 노트平成幸福論ノート》《여자회 2.0女子會2.0》《음속평화 sonic peace音速平和 sonic peace》《Z경계Z境》등이 있다.

호시 잇테쓰를 닮은 엄마

사이토 미나시타 씨는 모녀 문제를 어떻게 파악하고 계십니까?

미나시타 '엄마 죽이기'에 대해서는 일본 사회의 기반인 모자 관계라
고 하는, 너무나도 근본적임에도 거꾸로 보이지 않게 된 문
제가 바탕에 깔려 있는 듯해요. 중요하지만 대하기 껄끄러
운 문제를 '거실에 있는 코끼리Elephant in the Living Room'라
고 표현하는데 이 문제야말로 그렇지 않은가 생각했습니다.

사이토 그렇군요. 공교롭게도 프랑스의 정신분석학자 자크 라캉
Jacques Lacan은 같은 문제를 두고 〈《도둑맞은 편지》에 관한
세미나〉에서 이렇게 썼습니다. 여성의 몸이 너무 거대해져
서 눈에 보이지 않게 되었다고. 가정에 가득 차 있는 느낌이
지요.

미나시타 저희 엄마는 제가 대학을 졸업하자마자 교통사고로 돌아가
셨습니다. 갑작스런 죽음이었죠. 시신은 일상에서 흔히 볼
수 있는 건 아니잖아요? 그래서 엄마의 시신이라는 눈에 익
지 않은 존재보다 본가 부엌 집기의 배치나 식기를 놓는 습
관, 그런 걸 보면서 엄마를 더 크게 느꼈고 그 차이에 깜짝
놀랐던 기억이 있습니다.

사이토 미나시타 씨 본인의 부모자식 관계가 그렇게 깊지 않았다
는 뜻입니까?

미나시타 좀 특이한 경우일지도 모르겠는데 엄마는 소프트볼 코치였
어요. 전통 깊은 집안 출신으로 여자들만 사는 집에서 자랐
다고 해요. 소문에 따르면 외가는 6대가 내리 여자아이만
태어나는 집이어서 엄마도 세 자매, 그 위의 외할머니도 세
자매였다고 하고요. 어린 시절에는 유모와 집안일을 돕는
사람도 있었고 학교 여선생님도 늘 한두 명 정도 입주해 있
었대요. 그래서 집안이 항상 시끌벅적한 여자들만의 세상
이었다고 합니다. 윗대 어르신들의 사진과 초상화가 외가
에 남아 있는데, 외갓집에 가서 보면 남자들은 젊어요. 서른
살 무렵에 자연스럽게 세상을 떠난 사람이 많았던 모양인
지 외할머니의 사진과 젊은 남성의 사진이 번갈아 붙어 있
는 것이 어린 마음에 신기하게 느껴졌어요. 남성이 정주하
지 않은 집입니다.

사이토 놀라운 가계네요.

미나시타 외할머니는 지역 부인회 부회장을 지냈는데 돌아가셨을 때
는 바로 그날 밤부터 장례식까지 3일간 인근에 사는 여성들
이 끊임없이 찾아와 울면서 이별을 아쉬워했어요. 인망이

나는 엄마가 힘들다

두터운 사람이었죠. 반면에 남성의 존재감은 미미했고요. 예를 들면 정월 하츠가마初がま●가 열리는 곳에서는 남자가 가장으로서 도코노마初釜●●의 큰 기둥 앞에 앉았지만 실질적으로는 남자들을 제치고 이모들이 대소사를 전부 정했어요. 농가의 힘쓰는 일이든 전기 배전판을 가는 일이든 전부 여자들이 해냈기 때문에 남자의 그림자가 전혀 없었어요.

사이토 그렇군요. 농가에 그 정도 되는 모계 가족은 드물지 않나요?

미나시타 네. 하지만 그런 분위기였는데도 여자아이는 운동 같은 걸 하면 안 된다는 규범은 있어서 엄마는 운동부에 들어가지 않았어요. 그래서 내 아이에게는 마음껏 운동을 시키고 싶다고 생각하셨어요. 결혼 후 주부 발레를 시작했고 이어서 주부 소프트볼을 시작했어요. 엄마는 왼손잡이였는데 투수로는 귀한 좌완투수여서 전국 대회를 목표로 하는 팀에서 제안이 왔어요. 그래서 두 팀을 겸임하면서 초등학생을 대상으로 하는 인근의 소프트볼 팀 코치까지 했는데 그 팀에 저를 넣었죠. 저는 도서관에서 책만 읽는 아이였기 때문에

● (옮긴이주) 새해 처음으로 차 솥을 걸어 놓고 차를 끓여 마시는 모임.
●● (옮긴이주) 일본식 방에서 상석에 바닥을 한 층 높게 만든 단. 대개 벽에는 족자를 걸고 바닥을 꽃 등으로 장식한다.

엄마는 그게 걱정이었던 모양이에요. 엄마에 대한 기억이라면 수비 연습을 하거나 타이어를 치며 타격 폼을 검사받거나 밤에 자기 전에 모래를 넣은 맥주병을 휘둘러 손목을 단련시키거나…. 초등학생 때 체육 성적이 'C'였던 적이 있어요. 뭘 잘못했느냐고 묻기에 철봉이 어려웠다고 대답했더니 며칠 후 학교에서 돌아오자 제 방에 철봉이…. 물론 그 후에는 거꾸로 매달리기 등의 특훈을 받아야 했어요(웃음).

사이토   어설픈 부자 관계보다 훨씬 강력한데요.

미나시타   네. 엄마와의 추억을 말하면 다들 "호시 잇테쓰星一徹● 같다"고 해요.

사이토   정말 그런걸요. 그러면 미나시타 씨를 통해 다시 태어나고 싶다는 어머님의 바람이라든지 은밀한 지배욕을 느낀 적은 없었습니까?

미나시타   글쎄요. 엄마는 여자전문대 가정학부를 졸업했는데 집안일 전반을 기술로 배운 탓인지 애정을 담아 집안일을 한다든가 그런 사람은 아니었어요. 곰곰이 생각해보면 엄마는

● (옮긴이주) 가지와라 잇키梶原一騎의 만화 《거인의 별巨人の星》에 등장하는 인물로 주인공 호시 휴마星飛雄馬의 아버지다. 아들을 훌륭한 야구선수로 만들기 위해 어린 시절부터 혹독한 훈련을 시킨다.

나는 엄마가 힘들다

이과 타입이었어요. 가정학부란 실은 꽤 이과적인 면이 있어서 음식을 만들 때도 논리정연하게 삼투압 원리부터 설명해주는 엄마였죠. 학교 선생님도 되고 싶었던 것 같아요. 실제로 뭐든 합리적으로 설명을 잘했어요. 하지만 유서 깊은 집안의 아가씨라서 "교사라도 됐다가는 좋은 데 시집가지 못해"라고 집안에서 반대를 했다고 해요. 엄마는 둘째 딸이라서 집도 물려받지 못하고 시집을 간 모양이에요. 본인이 워낙에 운동도 잘하고 체력도 성적도 좋고 설명도 잘해서… 학교 선생님이 적성에 잘 맞았다고 생각하지만요.

결국 큰이모(장녀)가 데릴사위를 얻자 엄마는 더 이상 본가에 있기가 힘들어서 24살 때 선을 보고 결혼했어요. 당시는 25살을 넘기면 '크리스마스 케이크'라고 수군대던 시대였으니까요.

사이토 '팔리고 남았다', 그때는 그렇게들 말했죠.

미나시타 엄마는 단카이 세대보다 약간 윗세대인데, 전문대학에서 가정학과 교원 자격증을 따고 졸업 후에는 본가에 돌아가서 신부수업을 받았어요. 재봉과 재단을 배우고 요리학교에 다니고 우라센케裏千家*에서 다도를 배우고 이케보노池坊**꽃꽂이 자격증도 땄어요. 그런데 저 같은 딸이 나왔으니…. 정말 면목이 없죠.

사이토 아니에요. 하지만 남자다운 어머님이라서 우울하거나 답답하지는 않았겠군요.

미나시타 우울하지는 않았지만 엄마가 무서웠어요. 날마다 엄마와 소프트볼 연습을 해야 했고, 연습 때 잠시 한눈이라도 팔았다가는 "집중해!" 하고 호되게 야단을 맞았거든요. 경기만 잘하는 것이 아니라 자신의 역할이 뭔지도 잘 알아야 한다고 자주 말씀하셨죠. 시합 전체의 흐름과 자신의 역할을 늘 동시에 머릿속에 집어넣으라고요. 시합 전이나 운동회 전날이 되면 마지막 총 연습이라며 아침 일찍 저를 깨워서 달리게 하고 엄마는 뒤에서 자전거로 쫓아왔어요. 덕분에 체력과 근성이 생겼다는 생각도 들지만 그래도 엄마가 무서웠어요. 저는 초등학생 시절부터 책벌레였는데 읽다 만 책을 계속 읽고 싶어서 연습을 빼먹고 벽장 안에서 손전등을 켜고 책을 읽고 있으면 멀리서 다가오는 엄마의 발소리가 들렸어요. 그러면 "으앙, 무서워" 하고 바들바들 떨었죠(웃음).

사이토 하지만 "기합을 넣어!"가 아니라 "집중해!"라고 한 걸로 보아

● (옮긴이주) 다도의 한 유파.
●● (옮긴이주) 꽃꽂이의 한 유파로 전통이 가장 깊다.

근성주의나 집단주의와는 의식적으로 거리를 뒀는지도 모르겠군요. 어머님에게 독서는 쓸모없는 짓이었습니까? 책은 가치가 없다?

미나시타 아니요, 생일 선물은 대개 제가 읽고 싶어 하던 책이었고 도감도 갖고 싶다고 하면 한 번에 여러 권을 사다 주셨어요. 책을 사는 데는 아낌없이 돈을 내주셨고요. 책 읽는 것 자체는 장려해주었는데 다만… 제가 너무 책만 읽었기 때문이겠죠.

사이토 공부는 어땠습니까? 공부보다는 운동이 우선이었습니까?

미나시타 둘 다였어요. 생각해보니 공부도 잘 봐주셨네요.

사이토 교사 자질이 영향을 미쳤겠죠.

미나시타 어쨌든 딸의 교육 전반을 열심히 봐주셨어요. 예를 들어 한자 받아쓰기라면 "이 페이지에 나오는 한자를 열 번 연속해서 틀리지 않게 쓰면 끝!"이렇게요, 운동 연습하듯이 공부를 해야 했지만…. 눈속임이 통하지 않는 사람이었어요. 공부든 운동이든 착실하게 하는 수밖에 없었죠. 뭐든 설렁설렁하는 걸 무지 싫어해서. 방금 전 이야기를 마저 하자면 벽장안에 숨어서 책을 읽고 있으면 미닫이문을 여는 기적이 나요. 그래서 열리지 않게 힘껏 버티고 있으면 문을 통째로 확뜯어내서 옆으로 내동댕이치고 "연습하러 가!"라고 호통을 치셨어요.

사이토 정말 호시 잇테쓰였군요.

미나시타 늘 그렇게 울면서 운동 연습을 했어요. 그러다 우리 엄마가 다른 집 엄마와는 조금 다르다고 느꼈어요. 어느 날 친구네 집에서 놀다가 그 친구 얼굴에 살짝 상처가 났거든요? 그런데 친구 어머니가 "이런, 여자애가 얼굴에"라고 혀를 차며 "괜찮아? 괜찮니?" 하고 걱정하는 거예요. 그때 얼마나 충격을 받았는지. 저도 수비 연습을 하다 넘어져서 심하게 상처가 나 울상이 된 적 있는데, 그때 저희 엄마는 "그런 상처는 놔두면 저절로 낫지만 시합에서 뺏긴 점수는 다시 돌아오지 않아! 어서 일어나!"라고 다그쳤거든요.

그래서 저는 엄마가 돌아가셨을 때 진심으로 슬펐지만 한편으로는 무서운 존재가 사라진 느낌도 받았어요. 그런 이유로 이제껏 움츠러들었다 터져 나온 부분도 있을지 몰라요. 엄마와의 추억이 다 그런 식이어서 영화 〈꿈의 구장Field of Dreams〉*에서 세상을 떠난 아버지가 마지막으로 주인공

● (옮긴이주) 케빈 코스트너 주연의 판타지 야구 영화.

과 담담히 캐치볼을 하는 장면을 보고 있노라면 눈물이 멈추지 않아요.

사이토 그건 남자의 눈물샘을 자극하는 영화라고 생각했는데 이해가 갑니다. 엄마와 딸의 수비 연습. 어설픈 부자 관계보다 더 남자다운 관계였군요.

미나시타 네. 고등학생 때 아빠가 혼자 삿포로로 부임한 것도 영향이 있어요. 아빠는 일만 아는 사람이었거든요.

사이토 아빠의 부재?

미나시타 비교적 그래요. 그래서 엄마가 아빠 역할까지 했던 건지도 몰라요.

사이토 그렇군요. 여자아이에게는 얼굴에 상처가 나면 큰일이라는 듯이 어떻게든 사랑받는 몸을 만들려는, 독특한 훈육이나 교육을 의식적으로든 무의식적으로든 하기 마련인데 그런 걸 받지 않았다는 뜻인가요? 예절 교육을 따로 받지는 않았습니까?

미나시타 지금 생각났는데 아름다워져야 한다거나 사랑받아야 한다는 말은 고사하고 "여자아이니까"라는 말도 들은 적이 없어요.

사이토 그랬겠지요, 분명.

미나시타 대신 "그런 행동은 보기 흉해"라고 엄하게 꾸짖었어요. 다도와 꽃꽂이를 배운 사람이라서 문 열고 닫는 법이나 젓가락질에 관해서는 몹시 엄격했지만 "여자아이니까"라는 말은 들은 기억이 없어요. 그렇다고 페미니즘적인 지향이 있었느냐 하면 그렇지도 않았지만요. 생각해보면 외가에서는 인간이 곧 여자였기 때문에 그런 면에서는 균열이 없었죠.

사이토 보기 흉하다는 건 딱히 여성이라서가 아니라 남성이어도 마찬가지다?

미나시타 무사의 격식 같은 거죠. 본가가 원래는 아이즈번會津藩의 무가였다고 하니까요. 외할머니보다 좀 더 윗대까지는 언월도를 휘둘렀다는 이야기를 들은 적도 있어요.

사이토 기풍이 점점 사라져가던 에도 시대에도 아이즈번만은 마지막까지 남은 가문이라고 다들 말했으니까요.

미나시타 완고하다고 할까, '안 되는 건 안 돼'라는 느낌이 강해요.

사이토 그렇군요. 그렇다면 본인에게 모녀 문제는 그렇게 와 닿지 않는다는 말인가요?

미나시타 오히려 학교나 사회로 나가니 '여자일 때'와 '인간일 때'의 차이가 너무 커서…. 그것이 사회학을 연구하겠다 결심한 계기가 되었습니다.

나는 엄마가 힘들다

엄마의 역할은 너무 크다

미나시타 새삼스럽지만 일본 사회를 다른 사회와 비교하면 반드시
나오는 문제가 있어요. 일본 사회의 기반에 있는 모성의 의
의가 너무 크다는 점, 그리고 일본에서는 부부가 가족의 기
반이 아니라 부모자식 관계가 더 중시된다는 점.

사이토 《여자회 2.0》●에서 미나시타 씨는 '여성에게 응석부리는 남
성'을 용인하게 된 배경에 대해 쓰셨어요. '여성에게 응석부
리는 남성' 경향은 한때, 아니 지금도 꽤 있다고 생각합니
다만.

미나시타 전후 50년대에는 남성의 응석을 받아주는 여성을 칭송하는
풍조가 유행이었고, 90년대 중반쯤에는 치유계癒し系●● 여
성을 선호하는 풍조가 유행했어요. 전자는 패전 트라우마,
후자는 거품경제 붕괴 후의 우울한 사회 분위기가 배경에
있으리라 생각됩니다. 일본 남성은 트라우마가 생기면 여
성에게 모성이나 응석의 포용, 치유를 과도하게 요구하는

● 저널리스트, 여성학자 등 미나시타 기류를 비롯한 여성 여섯 명의 좌담과 논고를 담은 책. 일본
여성의 결혼관 및 라이프스타일 변천사를 분석하고 있다.
●● (옮긴이주) 보기만 해도 마음이 편안해지고 위로가 되는 분위기를 가진 사람을 가리킨다.

경향이 있어요. 그래서 남녀 파트너십을 쉽게 구축할 수 없죠. 그냥 내버려두면 부모자식 관계, 특히 모자 관계로 회귀하게 됩니다. 전쟁 이전 시대에는 아버지에게 순종하는 딸처럼 순종적인 아내가 이상으로 여겨졌고 전후에는 엄마처럼 남편의 응석을 받아주는 아내가 칭송받았으니까요.

무엇보다 가족과 관련된 말에는 해당 문화집단의 가장 보수적인 부분이 드러나기 마련이에요. 특히 육아 언어에는 그런 경향이 강하죠. 저도 아이를 키우는 입장에서 아이에게 쓰는 말들이 너무 보수적이라 왠지 마음에 걸려서 다른 나라와 비교해본 적이 있어요. 그 결과 역시 선진국 중에서도 일본이 육아에 시간과 수고를 가장 많이 들인다는 사실을 알게 되었어요. 또 대부분이 엄마 중심이고 "남편에게도 도움을 받자"라는 식으로 아빠는 조력자라고 할까, 돕는 정도라는 게 굉장히 눈에 띄었습니다.

해외 사례를 알아봤더니 역시 기독교 문화권이 뚜렷한 차이를 보였어요. 이쪽에서는 누가 뭐라 해도 부부가 가족의 토대입니다. 미국의 한 육아 서적은 "아이가 태어나면 가장 먼저 무엇을 해야 할까? 먼저 아이는 잠시 잊고 남편과 충분히 대화를 나누자"라고 말합니다. 아이가 태어난 후 부부관

나는 엄마가 힘들다

계를 새롭게 맺지 않으면 순식간에 아이에게 휘둘리게 되어서 아이 중심의 생활이 된다면서요.

사이토 출산 후 섹스리스가 되어 부부의 파트너십이 무너지거나 차츰 모자 관계가 밀착되는 것을 막는 중요한 개념이군요.

미나시타 이어서 아이에게 "너는 둘도 없는 소중한 가족의 일원이지만 네가 이 집의 왕은 아니다"라는 것을 철저하게 가르치라는 내용도 담겨 있었습니다.

사이토 중요한 지적이네요. 언젠가 사라지는 '손님'으로서 아이를 대하라는 말이죠.

미나시타 그래서 옆에서 재우거나 곁에서 자는 것은 절대 금지. 재우는 시간까지 고려하면 일본의 육아는 모자 관계가 밀착될 수밖에 없는 구조인데, 다른 나라 사람들은 아이를 재운다는 개념을 모르는 것 같더라고요.

사이토 그런가요?

미나시타 네, 거의. "왜 아이가 잠이 들 때까지 곁에 있어주어야 하지?"라는 느낌인가 봐요.

사이토 우는 아이를 달래는 문제는 어떻게 대처합니까?

미나시타 아이 방에 혼자 내버려두고 끝내는 모양이에요.

사이토 그냥 방치하는군요. 휴대용 무전기 같은 것만 두고.

미나시타 네. 어느 쪽이 좋고 나쁘다는 건 아니지만 곁에서 자지 못하게 하는 곳이 많습니다. 더욱이 수유를 하면서 잔다는 건 말도 안 된다면서.

사이토 말도 안 된다. 역시 부부는 부부끼리 잔다. 아이는 다른 방에서 재운다는 말이군요.

미나시타 네. 그런 신체 분리, 부부관계와 부모자식 관계의 차이를 강조하는 이야기가 많더군요.

사이토 애가 밤에 울면 어떻게 하죠? 둘 중 누가 일어나서 보살피나요?

미나시타 안아서 달래면 잠들 거라고 가르치는 육아서도 있었지만 아이가 울다 지쳐 잠들 때까지 내버려두고 참으라고 하는 과격한 육아서도 있었습니다.

하지만 일본의 육아서와 가장 다르다고 느꼈던 점은 육아와 사회의 관계까지 다루고 있다는 점이었습니다. 이를테면 대리모와 분쟁이 났을 때 좋은 변호사를 찾는 방법까지 안내하고 있었어요. 미국은 이런 부분까지 육아라고 하는가, 감탄했습니다.

사이토 엘리자베트 바댕테르의 《만들어진 모성 *L'amour en plus*》은 모성 신화의 허상을 폭로합니다. 그 책에 따르면 18세기 파리에서는 자식을 다른 집의 수양아들이나 수양딸로 보내는 것이 관례여서 친어머니의 손에 자라는 사람이 5퍼센트가 될까 말까였습니다. 모성 본능이란 존재하지 않는다는 이야기가 되죠. 그 말은 요컨대 루소●와 프로이트가 틀렸다는 이야기가 되는 겁니다. ●● 이런 사실을 고려하면 서구 사회에서도 모성 신화가 어느 정도 효력을 발휘했고 여성들에게 현모양처를 강요했던 풍조가 지금은 조금 달라져서 부부 단위로 육아를 하자는 발상이 힘을 갖게 되었다는 건가요? 엄마의 책임을 운운하는 차원을 넘어섰다는 느낌입니까?

미나시타 아니, 지금도 여전히 엄마의 책임은 무거운 것 같아요. 단, 일본처럼 '엄마가 부담도 책임도 전부 다 지는' 식은 아닙니다. 육아 담론을 국제적으로 비교하는 논문을 읽으면 확실히 서구 연구자는 일본의 육아 담론에 대해 '여성상이 너무나 보수적'이라고 비판하고 있어요. 일본에 비하면 서구의

● (옮긴이주) 루소는 《에밀》에서 "여자는 비록 생각은 할 수 있지만 사물의 복잡한 관계들은 결코 파악할 수 없다"고 하며 여성을 교육의 의미가 없는 존재로 보았다.
●● (옮긴이주) 바댕테르는 《만들어진 모성》을 통해 "프랑스는 19세기부터 여성들에게 모성애를 강요하기 시작했고 《에밀》의 출간 시기와 맞물려 여성들에게 모성애를 강요하는 징후가 나타나기 시작했다"고 설명한다. 또 프로이트의 정신분석학적 담론이 어머니를 가정의 핵심 인물로 만들어 '모성 본능'을 발명해냈다는 사실을 다각도에서 분석한다.

엄마들이 지는 부담은 가볍습니다. 하지만 책임까지 가벼운 것은 아니어서 오히려 부모 모두 온 힘을 다해 받아들여야 하는 것으로 파악하고 있습니다. 그래서 육아의 책임을 다하지 못한 부모는 친권까지 박탈당할 수 있는 거죠. 여러 담론을 비교한 결과 일본과 다른 선진국의 큰 차이는 '사회적 육아, 공공 보육'에 대한 개념이 아닐까 생각했어요.

일본에서 사회적 육아와 공공 보육이 발달하지 않은 중대한 원인 중 하나가 육아에 대한 엄마의 '부담과 책임과 애정의 삼위일체'에 있는 것 같아요. 임신·출산에 대한 언설부터 그러합니다. 예를 들어 출산은 마땅히 자연분만으로 해야 하고 제왕절개나 무통분만처럼 '죽을 만큼 아프지 않은 출산'은 옳지 않다고들 합니다. 분유보다 모유가 바람직하며 이상적인 것은 완전 모유수유예요. 그리고 임신·수유기에는 아이를 위해 '채소 위주의 전통식'을 먹자, 자극적인 카레나 기름기가 많은 양식이나 중식을 피하자… 육아서에 이런 내용이 실려 있죠. 그럼 인도인과 서양인, 중국인 어머니는 어떻게 하느냐고 따지고 싶었어요(웃음).

사이토 무통분만까지 금기시하는 것은 정말로 문제군요. 자연분만 신화도 관계가 있겠지만, 산부인과와 마취과의 연계가 약

　　　　　　　　　　나는 엄마가 힘들다

한 의료 시스템의 문제도 있어요.

미나시타 맞아요. 출산할 때 그걸 알고 꽤 놀랐어요. 시스템 자체의 문제도 정말 커요. 그 외에도 종이기저귀보다 천기저귀가 바람직하다, 기온차가 날 때는 바로바로 속옷을 갈아입히자, 재우는 것은 매일 밤… 등 요컨대 일본의 '이상적인 출산·육아'란 엄마가 자신의 신체와 시간을 아이에게 온전히 바치고 갖은 고생을 하며 수고를 들이는 것과 아이를 사랑하고 책임을 지는 것이 하나의 세트가 돼요. 이건 시간과 돈과 근성이 넘치는 어머니가 아니면 어렵습니다. 하물며 일하면서는 더욱 불가능하고요. 그래서 많은 보통의 어머니들이 이상적인 육아와 비교하여 자신의 육아를 부정적으로 평가하게 됩니다. 무리라는 걸 알면서도 이상적인 육아를 하지 못하는 게 마음에 걸리니까요.

한편 우등생 어머니로 말할 것 같으면 "이토록 고생해서 내 인생을 너에게 바쳤으니 너는 나를 버리지 마라"라고 아이에게 암묵적인 압박을 주게 되는데 그래도 무리가 아닌 겁니다. 하지만 이런 이상적 육아 기조는 아주 최근에 형성된 거예요. '전통적 육아법'이 결코 아닙니다.

에도 시대 말기에는 일본 인구의 90퍼센트가 농업과 어업에 종사했고 메이지유신 이후에는 생산을 늘리고 산업을 일으키자는 명목하에 식산흥업殖産興業●의 형태로 미혼 여성이 조금씩 경공업 분야로 진출하게 됩니다. 호소이 와키조細井和喜藏의 《여공애사女工哀史》에 나오는 것처럼 말이죠. 하지만 기본적으로는 농업국가를 유지한 채 고도성장기를 맞이하며 크게 변화합니다.

농촌의 가족사회학이라고 하면 사회학자 아루가 키사에몬有賀喜左衛門 등의 연구가 있는데, 대개 농촌 공동체, 친족 공동체 연구입니다. 그에 따르면 예를 들어 본가가 지주가 되고 먼 일가친척이 소작농으로 주변에 함께 살게 되고 이로 말미암아 친족 단위의 생산노동과 재생산노동이라 할 수 있는 가사 및 육아, 보육 등의 역할 구분이 사라져요. 며느리도 농업 생산에 있어 귀중한 노동자원이라서 육아는 농사에서 손을 뗀 노인이라든가, 얼추 나이가 찬 자녀에게 돌아가고 며느리는 육아나 가사에만 매달리지 않게 되지요.

일본 여성은 고도성장기에도 계층이 크게 상승하지는 않았지만 적어도 힘든 농사나 가게 일 등에서 해방되었다는 점

● (옮긴이주) 메이지 정부가 서양에 맞서 산업, 자본주의를 육성해 국가의 근대화를 추진한 정책 기조를 가리킨다.

나는 엄마가 힘들다

에서는 계층 상승감이 있었다고 볼 수 있어요. 하지만 그 안에서 육아라는 중압에 짓눌리는 동시에 아이의 인격 육성부터 성적까지를 모두 책임지게 되는 등 육아에 관해서는 오히려 할 일이 늘었어요.

거듭 말하지만 이런 상황이 된 것은 정말 최근의 이야기입니다. 며칠 전, 아동학대에 대한 한 심포지엄에서 이런 상황에 대해 설명했더니 어머니 한 분이 눈물을 흘리기도 했어요. 그렇게 압박이 심한가 싶어 안타까웠죠….

엄마의 고립감

사이토 인터넷 블로그와 게시판에는 육아하는 엄마의 심한 고립감에 대한 글이 자주 올라옵니다. 그런 사람들은 잘만 찾아보면 공공 정책 및 시설이 다양하게 마련되어 있는데도 그걸 잘 알지 못한 채 육아에 내내 쫓기게 됩니다. 일본에서는 여전히 남편이 그다지 육아에 협조적이지 않고, 오히려 요즘에는 젊은 세대에서 거꾸로 보수화가 진행되고 있는 것 같습니다만.

미나시타　자기 수준에 맞는 공공 서비스를 받기가 굉장히 어렵잖아요. 예를 들면 아이가 어릴 때는 예방접종을 받아도 열이 나거나 홍역이나 볼거리에 걸리는 등 툭하면 아프곤 합니다. 아이는 병치레를 하면서 자라니까요. 그리고 오늘날의 가족은 사생활과 친밀성을 가족관계 안에서만 공유하는 특징이 있지요. 그러면 가족 자체가 지역 커뮤니티에서 고립되기 때문에 집안일로 다른 사람에게 도움을 요청하는 것이 부끄러워 주변에 부탁하기 굉장히 힘든 상황에 놓입니다. 정신적인 부하가 걸리죠.

실제로 아이가 갑자기 열이 날 때, 누구에게 연락하느냐고 물으면 복수 응답으로 약 70퍼센트가 친정어머니, 약 40퍼센트가 시어머니라 답합니다. 보육원 등 공공시설은 20퍼센트 정도로 적어서 가족 구성원의 보조 역할, 특히 친정엄마의 역할이 얼마나 중요한지가 밝혀졌습니다.

엄마의 고립감을 유발하는 원인은 복합적입니다. 저는 지금 제가 사는 지역의 육아 지원 비영리단체에 가입되어 있어요. 사회학적인 흥미라기보다는 단순히 이웃에 사는 엄마들과 친구가 되고 싶어서 들어갔는데, 의외로 얻는 게 많아요. 저는 친정엄마가 안 계신데다 시어머니는 지병이 있어서 일상에서 자주 아이를 맡길 수 없어요. 육아 자원이 부족한데다 아이가 어려서 지역의 육아 정보가 필요했죠. 그래서 가입했는데 가입자 대부분이 지방 출신이었어요. 회원들에게 물어보니 일반 교통수단으로 90분 내에 닿을 수 있는 지역 안에 친정이 있는 사람은 한 사람도 없었어요. 역시 저처럼 지역 네트워크가 부족한 사람, 지연이나 혈연이 없는 사람이 대다수를 차지했어요.

방금 전에 그런 사회 자원이 있는데도 활용하지 못하는 사람이 많다고 말씀하셨는데, 인터넷에서 관련 자료를 검색하거나 지역 공공센터와 도서관에 비치된 홍보물을 읽고 관련 단체에 찾아오는 사람은 역시 학력이 높은 사람들이에요. 거의가 대졸자들입니다. 그래서 전에 다니던 직장을 물으면 제법 괜찮은 일을 했는데 계속하지 못하고 그만둔 사람이 많아요.

사이토   육아 때문인가요?

미나시타   네. 근처에 친정이 없다는 이유가 굉장히 컸습니다. 제가 소속되어 있는 비영리단체 이용자는 주로 미타키 시, 무사시노 시에 사는 사람들인데 이쪽에는 일하고 싶은 어머님이 많음에도 육아시설, 특히 공공 보육원이 턱없이 부족해요.

그리고 역시 착실한 사람이 많아요. 매일 일을 하던 사람이 일을 그만두고 육아에 전면으로 나서면 지나치게 에너지를 쏟게 되는 경향도 볼 수 있어요. 이를테면 수유 전후에 아이의 체중이 늘었는지 매일 측정해서 기록하다 보면 머리가 이상해지는 기분이 들거든요. 그래서 육아 모임에 들어가면 다들 일찍부터 영어 공부다, 선행학습이다 시키는 통에 배겨내지 못하게 되고, 유치원생 엄마끼리는 아이가 같은 또래다 보니 경쟁에 놓이게 되어 숨이 막힙니다.

제가 속해 있는 육아 지원 비영리단체는 0세 아이부터 대학생 자녀를 둔 엄마까지 다양하게 있어서 이해관계가 거의 없어요. 게다가 할 수 있을 때 할 수 있는 일을 하면 된다, 아이가 어릴 때는 굳이 힘들여 참여하지 않아도 된다는 분위기라서 편합니다. 그런 환경에서 단체 활동을 계속할 수 있다는 건 중요하다고 생각해요.

스스로 인터넷을 검색하거나 도서관이나 시청에 비치된 자료를 읽고 정보를 수집해 관련 단체에 들어갈 수 있는 사람은 그래도 괜찮은 편이에요. 예를 들어 2013년 봄에 판결이 난 '오사카 두 자녀 유기 사건' 르포를 보면 그 어머니는 그렇게 고립되었음에도, 또 밤에 술집에 출근할 때 아이를 맡

나는 엄마가 힘들다

길 곳을 소개받았음에도 결국 아이를 맡기지 못했어요. 공공 서비스가 자신의 일상에 침범해 들어와서 부담을 주는 것 자체를 못 견디는 거예요. 어느 정도 납득이 가요. 공적 지원을 활용할 수 있는 엄마는 그만큼의 사회 자원이 있다고 볼 수 있어요. 하지만 그런 것조차 받지 못하는 사람들의 보이지 않는 고립은 점점 더 심해지는 것 같습니다. 공적 지원이 절실한 사람들에게 그의 손길이 닿지 않는 것은 심각한 문제에요.

사이토 공공 지원 제도가 있다는 걸 알지만 이용하고 싶지 않다. 그런 심리는 비유가 좀 그렇지만 제약을 싫어하고 지원받기를 꺼리는 노숙자의 심리와 비슷할까요?

미나시타 본인이 이상적인 엄마가 아니라는 자격지심이 근원에 있어요. 오사카 사건 어머니의 경우는 일단 술집을 나간다는 점에서.

사이토 미나시타 씨가 속해 있는 비영리단체에는 나이 어린 엄마들은 없습니까?

미나시타 없어요. 그러고 보니 없네요.

● 2010년, 오사카의 한 술집에서 일하던 23살의 싱글맘이 3세, 1세의 두 아이를 집에 두고 사라져 아이를 굶겨 죽인 사건.

사이토   그러니까 있어도 괜찮다는 말이군요.

미나시타 있어도 괜찮다고 생각해요. 흔히 불량 청소년이라고 하죠. 오히려 과거에 좀 놀았던 사람이 있는 게 좋아요. 그런데 어릴 때 좀 놀던 사람들은 그런 사람들끼리 네트워크를 만드는 것 같아요. 우리가 활동하는 곳에 오면 아마 대화가 통하지 않는다는 문제도 있겠지요.

사이토   하지만 수적으로는 다수겠죠.

미나시타 네. 수적으로는 아마 많을 거예요. 좀 더 구체적으로 말하자면 출산·육아기 연령대가 양극화된 부분이 있어요. 합계 특수출생률의 연령계층 구분을 보면 저연령·저학력층과 고연령·고학력층의 산이 두 개 있으니까요. 여성의 평균 초혼 연령도 29살로 늦춰졌어요. 오래전부터 31세의 대졸 여성을 '제야의 종'이라 불렀는데도 말이에요. 크리스마스 케이크가 아니라.

사이토   과연, 그런 점에서 양극화군요.

미나시타 안타깝지만 사회적 자원에 대한 정보를 충분히 수집하고 잘 활용할 수 있는 사람은 후자인 고연령·고학력층에 몰려 있지 않을까요?

사이토   하지만 과거에 놀던 사람들에게는 결속력이 강한 커뮤니티가 있지요.

미나시타 그렇게 생각했는데 오사카 두 자녀 유기 사건 르포를 본 바로는 이혼할 때 가족회의를 열어서 절대 가족에 기대지 마라, 빚은 지지 마라, 혼자 힘으로 키우라 이르고 그 어머니에게 계약서까지 쓰게 했더라고요. 게다가 판결할 때 '가능한 한 무거운 형벌을 주라'고 주장했던 쪽은 오히려 친척이나 혈육이었어요.

사이토 그 사람들은 일단 집단의 테두리를 벗어나면 가혹하지요.

미나시타 아, 그런가요? 다른 사람들이 가는 길을 가지 않았다고?

사이토 나카이 히사오 씨가 한 말인데, 유교 문화권의 일반적인 특징으로 자기네 사람들을 어쨌든 한계까지 끌어안는다고 해요. 누가 뭐라 해도 어쨌든 품을 수 있는 데까지 품어주죠. 하지만 그 한계를 넘어선 사람은 냉혹하게 떨쳐낸다는 특성이 있는 모양이에요.

미나시타 과연. 선을 긋는다?

사이토 수용의 한계치가 낮은 커뮤니티도 있고 비교적 높은 곳도 있겠지만 일단 그 커뮤니티를 벗어나면 가혹하게 대합니다. 무라하치부村八分•라고 해서 집단 내 따돌림을 당하는 거죠.

미나시타 아, 과연. 개인보다 공동체를 중요시하는 '무라샤카이村社會

(지역사회)'처럼 집단 내에서 따돌림을 당하는군요.

사이토 그런 것 같습니다.

미나시타 보육원에 아이를 맡기는 어머니들도 양극화되어 이른바 뭐든 척척 해내는 커리어우먼과 어린 엄마 이렇게 두 계층으로 나뉩니다. 제가 소속된 비영리단체에는 일을 그만두고 비상근직에 재취업하기를 원하는 어머님들이 많은데 공공보육원은 낮에 7시간 이상 지속적으로 일하는 부모에게 우선권이 있어서 구직 중인 어머님은 좀처럼 아이를 맡길 수 없어요. 사설 보육원밖에 빈자리가 없죠. 그러다 보니 "왜 비상근직으로 일하며 낮은 급여를 받는 주부가 비싼 사설 보육원을 이용해야 합니까?"라는 불만이 나옵니다. 하지만 그런 의견을 하루 종일 일하는 엘리트 워킹맘들에게 이야기하면 "그러면 우리는요, 하루 종일 일하느라 너무 힘들어요"라고 하소연합니다. 아무래도 두 집단은 소속의 차이와 격차가 크고 골도 깊다는 생각이 들어요. 그뿐 아니라 보육

● (옮긴이주) 일본 에도 시대의 관습으로 공동체의 법도를 어긴 사람과 그 가족에 대해 장례식과 회재를 진압하는 일 외에는 어떤 도움도 주지 않고 관계를 끊는, 집단이 가하는 일종의 제재행위. 개인보다 공동체를 중시하는 무라사카이와 함께 일본인 특유의 의식구조와 집단의존적 정서를 형성하는 데 큰 영향을 미쳤다.

나는 엄마가 힘들다

원에 아이를 맡기는 것 자체에 대한 비난, 그러니까 아이는 보육원이 아니라 엄마가 키워야 한다는 편견도 여전히 뿌리가 깊다고 할까, 여러 가지 문제가 복합적으로 얽혀 있어요.

여성은 모성을 주체하지 못한다?

미나시타 자식이 프라이버시의 산물이라는 생각은 고도성장기에 급속도로 퍼졌어요. 그래서 저는 엄마가 육아에만 매달릴 필요가 없다고 생각합니다. 오히려 제 아들도 저 같은 엉터리 인간하고만 지내는 것보다 배울 점이 많은 엄마들이나 보육 전문가들과 두루 시간을 보내는 편이 좋지 않을까 생각해요. 일을 계속하기 위해 아이가 어릴 때부터 데리고 다니면서 집 근처나 대학 안에 마련된 임시 보육원에 아이를 맡기고, 탁아시설이 운영되는 지방 강연장 등이 있으면 감사한 마음으로 이용하고⋯. 아이에게 못할 짓이구나, 싶을 때도 많습니다. 하지만 "엄마 사랑해요"라고 말해주니까요⋯.

사이토 아아, 좋지 않습니까? 엄마의 특권이군요. 아빠는 그런 말을 듣기가 힘들어요.

미나시타 아이는 참 고마운 존재다 싶어요. 하지만 그렇게 생각하면서도 일을 그만둘 마음은 털끝만큼도 없어요. 아이는 언젠가 제 품을 떠나지만 글 쓰는 일은 제 평생의 일이라고 생각하니까요.

사이토 덕분에 '아들을 연인으로' 느끼지 않아서 다행이네요. 최근 《아사히신문》에 '아들에게 실연당한 엄마'라는 불쾌한 특집 기사가 실렸죠. 아들을 연인으로 느껴서 남편의 칭찬은 기쁘지 않지만 아들에게 칭찬을 받으면 뛸 듯이 기쁘더라는 글이었습니다.

미나시타 며칠 전 저널리스트 시라카와 도코白河桃子 씨와 작가 니시모리 미치요西森路代 씨와 저 이렇게 셋이서 '여성학 회담'을 열었는데 아이돌론이 나온 참에 시라카와 씨가 "저희 어머니는 아이돌을 보는 시간이 남편을 보는 시간보다 길어요"라고 말하더군요. 엄마가 아이돌 노래를 듣고 DVD를 보는 등 딸과 둘이서 아이돌에 푹 빠졌대요. 거실에 포스터도 붙이고 공연 티켓을 구하려고 열심히 전화를 돌리고 인터넷을 하죠. 그랬더니 정서적인 만족도에 있어서 아버지는 완전히 순위권 밖으로 밀려났어요.

1930, 40년대의 고전적 근대 가족론에서는 가족 기능의 축

소가 논의되었습니다. 가족의 기능은 경제적 교류, 지위 부여, 보호, 교육, 애정 교류 등 다양합니다. 그런데 이런 기능들이 근대화와 동시에 가령, 교육은 학교라는 전문기관에 이양되고 경제적 교류는 기업 등의 외부기관에 일가가 나란히 일을 하러 가는 형태로 바뀌었고 친족이나 커뮤니티 내에서만 이루어지던 가정교육도 점차 해체될 것이라 예견되었죠. 단, 애정의 교류만은 다른 기관에 이양할 수 없으므로 가족의 중요한 기능으로 남을 거라고 예상했습니다.

하지만 일본의 가족을 보면 아내는 남편에게 정서적인 만족을 얻지 못하고 아이에게 기대거나 아이돌에게 빠지거나 애완동물을 애지중지하거나… 어떤 의미에서 일본 여성은 모성을 마음껏 발휘하지 못하는 부분도 있지 않을까요? 시간과 품이 많이 드는 일본의 육아는 부모의 손길이 필요한 시기에는 엄마의 지나친 헌신을 요구하지만 아이가 품에서 벗어나면 엄마는 모성 에너지를 주체하지 못하게 됩니다. 그러다 보니 젊고 귀엽고 날씬한 꽃미남 아이돌에게 쉬이 빠져버리게 되죠.

사이토 남성도 끊임없이 모성을 바라왔는데 여성 자신도 모성이 남아돌아 처치 곤란이라는 말씀인가요?

미나시타 그렇죠.

사이토 그런 현상은 일시적인 걸까요? 앞으로 모성에 대한 강요는 점차 축소될 거라 보는데 일종의 환상으로서 뿌리 깊게 남아 있을 거란 의미인가요? 모성을 어떻게 드러내야 할지 여쭙고 싶습니다.

미나시타 사회가 변할 때는 일직선으로 나아가기보다 혁신과 그 반작용으로서 보수화를 거듭하는 등 진자처럼 흔들리면서 나아간다고 생각합니다. 그 여파로 현재 전업주부를 지향하는 젊은 여성층이 눈에 띄게 늘고 있지요. 20대 여성의 전업주부 선호 비율이 60대와 엇비슷하고 30, 40대, 심지어 50대보다도 높아요. 성별 분업의식을 긍정적으로 보는 사람도 늘고 있습니다.

반면 현실적인 면에서 일하지 않으면 안 된다는 의식도 높아지는 모순된 상황 속에서 모성적인 가치가 높게 평가받고 있다고 생각됩니다. 현실에서는 좀처럼 실현할 수 없으려니와 실현하기 위해서는 제도적 장치나 기반을 만들어야 하는데, 그러면 비용이 듭니다. 모성을 표출하는 데도, 모성에 대한 강박을 만족시키는 데도 비용이 너무 많이 들어요. 그래서 거꾸로 안 되는 줄 빤히 알면서도 생떼를 쓰듯 전업

　　　　　　　　　나는 엄마가 힘들다

주부를 지향하는 게 아닌가 의심하는 거죠.

또한 이상화되어 일본으로 수입된 기독교적인 파트너십도 환상이 아닐까요? 일본의 커플은 아플 때나 건강할 때나 영원한 사랑을 맹세하는 '낭만적 사랑 이데올로기'로서의 대등한 파트너십을 애초부터 맺지 않았다고 할까, 커플 문화가 성립된 적이 없었다고 생각해요.

사이토 네, 정말 없었어요. 근대적 개인주의가 한 번도 뿌리내린 적 없는 사회라는 사실과도 관계가 있는 것 같습니다.

미나시타 공식적인 자리에서 형식적이더라도 사교댄스를 추지 않으면 안 되는 문화권과, 집단적으로 봉오도리●를 추고 그 후 난교 파티를 벌이는 봉오도리 문화권은 다릅니다. 그런 가운데 백마 탄 왕자님을 만나는 공주님 이야기를 읽으며 공주님 환상을 품게 된 여성은 로맨스와 정서적 만족을 얻으려 하지만 얻지 못하죠. 거기서 채우지 못한 정서적 만족감을 현실적으로 채우면서 동시에 칭찬받을 수 있는 관계는 모자 관계 정도겠지요.

사이토 그렇죠.

● (옮긴이주) 음력 7월 15일 밤에 남녀가 모여서 추는 윤무.

미나시타 그래서 더 위험하다고 생각합니다. 엄마의 존재가 '죽어'주지 않으면 문제가 돼요. 또한 사이토 씨도 책에 엄마의 억압 문제에 대해 쓰셨는데 억압에는 심리적 억압과 사회적 억압이 있죠. 저는 사회학자라서 여성이 사회성을 획득하면 적어도 엄마라는 역할의 속박에서는 편해질 거라는 비교적 단순한 도식을 그려서 여태까지 논문을 써왔습니다. 가족 사회학의 논의도 기본적으로는 그런 도식을 그리고 있죠. 그래도 남은 억압 문제를 어떻게 바라봐야 할지 곰곰이 생각해보면, 그건 사이토 씨가 열심히 써주시는 방법밖에 없다고 생각합니다.

사이토 아이고, 아니에요. 그 문제에 관해서는 불량 청소년ヤンキー 이라는 문화론의 관점에서 접근할 예정입니다. 불량 청소년의 가족주의는 여성에게 꽤나 억압적이라서요.

미나시타 과연. 기대되는 걸요. 불량 청소년은 무라샤카이(지역사회) 문제와 관계가 있는 것 같아요. 사회보다 커뮤니티라는…. 그러면 사회성에 관해서는 앞으로 이것을 획득하는 엄마가 아무래도 늘어날 수밖에 없겠지요. 97년 이후, 샐러리맨 세대라 해도 맞벌이 가정이 남편 외벌이 가정을 앞질렀고 격차는 지금도 계속 커지고 있어요. 여성이 일할 수밖에 없는

나는 엄마가 힘들다

요인에는 여러 가지가 있는데 첫째로는 산업 구성비의 변화입니다. 특히 서비스업을 비롯한 3차 산업에 종사하는 비율이 지금은 취업인구의 70퍼센트쯤 되나요? 가장 규모가 커지고 있는 분야가 의료·복지 분야입니다. 이 분야에서는 남성보다 여성 근로자를 선호하죠. 반대로 제조업이나 건설업처럼 남성을 선호하는 2차 산업의 고용 시장은 축소되고 있습니다. 즉 여성의 일자리가 늘어나며 '밀어내는 요인'이 작용합니다. 나아가 청년층을 중심으로 남성의 급여 수준이 전체적으로 감소하는 경향을 보이고 진급 연한도 둔화되고 있어요. 이에 따라 기혼 여성이 가계에 보탬이 되어야 한다는 필요성을 느끼고 고용 시장에 '한꺼번에 우르르 나오는' 요인도 작용합니다.

나아가 인구동태를 보면 앞으로 생산연령인구의 감소는 예정된 수순입니다. 아무래도 여성 취업은 늘어날 수밖에 없고 동시에 출산·육아에 대한 지원 필요성도 높아지겠죠. 이런 배경에서 다수의 어머니가 사회성을 획득하면 억압 문제는 해결까지는 힘들어도 상황이 좀 더 단순해지지 않을까 기대합니다.

사이토   저도 그렇게 생각합니다. 제 전공은 정신의학 중에서도 은둔형 외톨이인데, 현실적으로 은둔형 외톨이는 남성이 압도적으로 많아요. 80퍼센트가 남성이라는 통계가 대다수이고 적게 봐도 70퍼센트를 차지합니다. 이것은 여성이 집안에 틀어박히는 현상 자체가 적다기보다 사례화가 되느냐 아니냐의 차이겠지요.

남자는 대학을 졸업한 후 일을 하지 않으면 당장에 질타의 표적이 됩니다. 이웃도 미심쩍은 눈으로 쳐다보고 그 부모도 "그 댁 아드님은 무슨 일을 해요?"라는 질문공세에 시달리죠. 하지만 여자는 아직까지도 집안일을 돕는다는 핑계가 통하므로 부모도 본인도 문제를 교묘하게 은폐하게 됩니다. 물론 문제로 봐야 하는지 아닌지도 따져봐야겠지만. 아무튼 남성은 당장에 사회적인 압력을 받고 좌절하지만 여성은 일단 집안일을 돕는다는 명분이 있어서 비교적 마음 편히 집에 머물 수 있고 문제에서 빠져나갈 수도 있어요. 그런 차이가 여성 은둔형 외톨이 수를 줄이는 데 기여합니다. 사례화되기 어렵다는 점과 빠져나가기 쉽다는 점이 맞물리는 거죠.

미나시타 니트족NEET族* 으로 분류하면 반반에 가까워지지 않을까요?

나는 엄마가 힘들다

사이토 그렇게 분류하면 반반에 가깝습니다. 니트족은 단순히 일을 하지 않고, 학교에 가지 않는 사람이라서 사례화와는 관계없이 통계로 산출되지요.

미나시타 아, 그런가요? 니트족이라 해도 이것을 사회문제로 봐야 하는지 아닌지가 관건이군요.

사이토 네. 니트족을 사회문제로 보면 은둔형 외톨이가 됩니다.

미나시타 주변과 본인이 힘든지 아닌지 여부도 문제가 될까요?

사이토 네. 힘들어하지 않는 니트족도 일부 있는 것 같지만 대개는 힘들어하죠. 그 점은 역시 젠더적인 면이 반영된다고 봐요. 은둔형 외톨이는 여자의 경우, 예사롭지 않은 밀착된 모녀 관계가 되기 쉽고, 그런 관계는 밀착된 모자 관계의 일반적인 사례 이상으로 일체화되는 경향이 강해요.

미나시타 그렇군요. 왠지 이해가 됩니다.

사이토 여성 은둔형 외톨이의 경우 극단적으로는 방에서 한 발자국도 나오지 않습니다. 꼼짝도 못하겠으니 식사를 가져다 달라거나 옷을 갈아입지 못하겠으니 입혀달라는 상황까지 치닫게 되지요.

● (옮긴이주) Not in Education, Employment or Training의 줄임말로, 일하지 않고 일할 의지도 없는 청년 무직자를 뜻하는 신조어이다.

모녀 문제의 시대적 배경

미나시타   그런데 '아버지처럼 되는 것'에 대한 남성들의 콤플렉스는 전후에 어느 정도 재편되어 단순해졌나요?

사이토   아니, 부성 개념은 일본에서는 한 번도 뿌리내린 적이 없어요. 흔히 '부성의 붕괴'라고 하는데, 원래 없었습니다. 히라타 아쓰시平田厚의《학대와 친자의 문학사虐待と親子の文學史》에 따르면 이른바 '엄한 아버지' 이미지는 메이지 30년 이후에 인공적으로 만들어진 것이라고 합니다.

미나시타   그건 알고 있습니다.

사이토   사상가 와타나베 교지渡辺京二의《사라진 세상의 그림자逝きし世の面影》에도 나오는 이야기인데 그전까지 일본은 서구인도 부러워할 만큼 아무런 억압도 속박도 없이 이상적인 육아를 할 수 있는 사회였지만 그런 육아 풍조는 급속한 근대화와 함께 사라졌어요. 그래서 '사라진 세상'이라고 하는 거죠. 특히 근대적인 헌법을 도입해 이에제도를 정착시키는 데 있어서, 가부장제 같은 것을 어떻게든 인공적으로 만들려는 가운데 아동학대 등이 일어나고 문학과 예술 사조에도 그런 분위기가 등장하게 되었다고 합니다.

미나시타 홍미진진하네요.

사이토 전쟁 이전 시대를 흔히들 암흑기라고 하는데 전전이라고 해도 여러 시기가 있어요. 부성의 강조는 메이지 30년(1845~1897년) 이후 시대의 산물이라는 말에 무릎을 친 기억이 있습니다. 그 무렵에 나온 전통이지요.

미나시타 메이지 30년 이후라는 게 중요한 징표라는 생각이 들어요. 마침 그 시기에 고등여학교령이 시행되면서 어느 정도 교양을 갖춘 미혼 여성이 계층으로서 시각화되었습니다. 당시 융성하던 자연주의 문학에 적갈색 하카마袴●나 제복을 입은 여성이 계층으로서 다수 등장한 현상에 대한 남성의 반응이라든가, 위로부터의 근대화로 남성은 아버지가 되지 않으면 안 된다는 압박을 받으며 이른바 롤리타 콤플렉스●● 경향도 나타났어요. 다야마 가타이田山花袋●●●가 〈소녀병少女病〉이란 작품을 쓴 것도 이 무렵입니다. 이어서 현모양처라는 말이 등장했고 여학교 교육관의 기초를 다진 것도 그

● (옮긴이주) 일본 전통의상으로 겉에 입는 품이 넓은 하의를 가리킨다.
●● (옮긴이주) 성인 남자가 어린 소녀에게 성욕을 느끼는 현상을 가리키는 용어로 블라디미르 나보코프Vladimir Nabokov의 동명 소설에서 이름을 따왔다.
●●● (옮긴이주) 일본의 자연주의 문학에 큰 영향을 끼친 소설가.

시기이지요.

사이토 네.

미나시타 그러면 현모양처와 롤리타 콤플렉스의 대두, 가부장제 강
화, 아동학대, 소녀취미가 모두 같은 시기에 등장했다는 말
씀인가요?

사이토 떼려야 뗄 수 없이 깊이 관련되어 있다고 생각합니다. 특히
마더 콤플렉스와 롤리타 콤플렉스는 밀접하게 관련되어 있
고 아주 깊은 곳에서 연결되는 부분이 있다고 생각합니다.
정신분석학적으로 말하자면 '보호받고 싶은' 마더 콤플렉스
심리와 '보호하고 싶은' 롤리타 콤플렉스 심리는 쉽게 뒤바
뀌니까요. 이런 토대가 메이지 30년 이후 급속한 변화 속에
서 완성되었다고 말할 수 있지 않을까요? 그래서 엄마와 딸
의 일그러진 관계도 실은 그 부산물이며 시대의 산물이라
는 인상을 강하게 받았습니다. 특히 지금의 단카이 세대인
엄마와 30, 40대 딸 사이의 갈등이 가장 심하고 세대가 내려
갈수록 모녀 문제를 실감하지 못하는 사람이 늘고 있다는
인상을 받습니다.

미나시타 그럴지도 모르겠네요. 서구의 상황은 어떤가요?

사이토 해설서는 몇 권 읽었지만 엄마와 딸에 특정하지 않고 모자

　　　　　　　나는 엄마가 힘들다

관계에 초점을 맞추는 경우가 많았어요. 카롤린 엘리아셰프와 나탈리 에니크Nathalie Heinich의 《그래서 엄마와 딸은 어렵다Mères-Filles: Une Relation à Trois》는 프랑스에서 베스트셀러가 되었는데 정신분석과 관련된 책은 시간개념이 없어서 이러이러한 구조다, 라고만 나와 있을 뿐 언제부터 그런 현상이 일어났는지는 확실하게 알려주지 않더군요.

미나시타 그런가요? 미국이라면 전업주부 비율이 높았던 50년대가 아닐까 하는 생각이 들었습니다.

사이토 아마도 그럴 거라 생각합니다.

미나시타 일본에서는 단카이 세대가 결혼과 출산 등에 나선 70년대 전반 무렵에 전업주부 비율이 가장 높았어요. 그 세대와 그들의 자식인 단카이 주니어의 관계가 힘들어지지 않았나 하는 생각이 듭니다.

나아가 그 단카이 주니어 세대는 '잃어버린 세대lost generation'⬦이기도 합니다. 여성의 입장에서는 어느 정도 경제력이 있어서 자기 집을 사고 육아에 충분한 비용을 대주는 자신의 아버지 같은 남편을 같은 세대에서는 좀처럼 찾지 못

● 거품경제 붕괴 후 취업 빙하기에 대학을 졸업한 세대. 1970년대에 태어난 세대를 가리킨다.

하게 되죠. 희망과 사회적 현실, 경제사회 구조의 격차가 가장 큰 세대가 바로 단카이 세대의 엄마와 단카이 주니어인 딸이 아닐까요?

사이토 그렇군요. 제 느낌으로는 그 지점을 하한선으로 해서 20~30년 정도 윗세대까지가 모녀 문제가 가장 많은 적체된 계층인 것 같습니다.

미나시타 변화된 사회에 적응하지 않으면 안 되는 아들들은 '경제 불황으로 맞벌이를 해도 살 길이 막막하다'고 느끼게 됩니다. 나아가 그 아래, 지금의 30대 초반보다 더 아래로 내려가면 학교의 가정 과목도 남녀 모두에게 필수가 되면서 남자가 집안일을 하는 데 어느 정도 거부감이 없는 세대가 돼요. 그래서 딱 그 윗세대, 30대 중반 바로 위 30, 40대가 가장 힘들 거예요. 집안 살림에 대한 여성의 책임이 상대적으로 무거운데 같은 세대의 남성은 여전히 '쇼와' 시절의 향수를 버리지 못하고 있죠. 게다가 그들은 아버지처럼 돈을 벌지도 못합니다. 엄마도 가족관이 완고하게 남아 있는 데다 자신의 인생 역시 부정당하고 싶지 않겠죠? 그래서 그 가치를 딸이 이해하고 재생산해주기를 바라요. 그런 연유로 이래저래 힘든 것은 어쩌면 30대 후반에서 40대의 여성일지 모르겠어요.

사이토　동의합니다. 단카이 세대보다 앞선 일부 어머님은 전후 민
　　　주주의 교육 속에서 표면상으로는 양성평등을 인정하는 것
　　　같으면서도 실질적으로는 여전히 남존여비 사상에 물들어
　　　있어요. 그래서 방금 전에 지적하신 대로 가족의 구성도 부
　　　부 단위가 아니라 모자 관계가 중심이 됐고 아버지가 소외
　　　되는 경향이 있었죠. 부부 사이가 소원해졌을 때, 엄마는 결
　　　국 누구에게 인정을 구하느냐? 역시 자식에게 의존하는 경
　　　향이 있어요. 아이를 키우는 동안에도 인정받으려는 욕망
　　　이 남아 있어서 아이와 분리되지 못합니다.

　　　일본은 부모와 함께 사는 18~34세 독신 남녀의 비율이 약
　　　70퍼센트로 한국과 나란히 국제적으로도 꽤 높은 편입니
　　　다. 이른바 패러사이트 싱글parasite single● 문제이지요. 계
　　　속 함께 사는 이유로는 엄마가 자식을 떠나보내지 못하는
　　　경우도 있고 경제적인 사정으로 자식이 집에서 나가지 못

● (옮긴이주) 기생독신寄生獨身이란 뜻의 신조어로 일본에서 1990년대 말에 등장했다. 20, 30
대가 되어도 부모로부터 독립하지 않는 독신을 뜻한다. 부모 곁을 떠나지 않고 주거비와 식비를 모
두 부모에게 의지하며 자신의 월급은 취미 생활에 사용하거나 월급이 적다는 이유로 부모로부터
여전히 용돈을 받는 자녀를 의미한다.

하는 경우도 있습니다. 이렇게 계속 같이 살다 보면 관계가 점점 한계에 이르지 않을까 생각됩니다.

그야말로 로스트 제너레이션, 특히 취업하기 힘든 세대는 아무래도 부모와 같이 살 가능성이 높고 부모에게 의존하는 경향이 크지요. 그 의존관계에서 한 발 물러설 수 있으면 관계를 약간은 대상화할 수 있을지도 몰라요. 하지만 그렇게 하지 못하고 어쨌든 계속 함께 삽니다. 이것이 은둔형 외톨이를 낳는 토양이 되고 다른 한편으로는 모녀 관계를 일그러트리고 일란성 쌍둥이 같은 모녀 관계를 낳는 방향으로 진행될 수도 있겠지요. 앞으로 부모와 함께 사는 자녀 비율이 어떻게 변화할지 굉장히 궁금합니다. 서구에서도 신교(프로테스탄트) 문화권에서는 부모와 자녀의 동거 비율이 20퍼센트 이하지만 이탈리아나 스페인 같은 구교(가톨릭) 문화권에서는 70퍼센트로 높아서 은둔형 외톨이 문제가 나오는 거고요.

미나시타 네. 이탈리아도 지금 문제가 되고 있어요. 게다가 저출산 문제도 있고.

사이토 그렇습니다. 패러사이트 싱글 문제가 일어나고 있죠.

미나시타 맘모니mammoni●를 말씀하시는 거죠?

나는 엄마가 힘들다

사이토 네, 어머니 숭배라고 하는.

미나시타 그런데 사례를 들어보면 왠지 일본보다 더한 느낌도 들어요.

사이토 이탈리아의 마더 콤플렉스는 어머니를 존경하지만 일본의 마더 콤플렉스는 어머니를 죽인다는 차이가 있는 것 같습니다.

미나시타 남자아이의 경우 사이토 씨도 지적했듯이 인생을 살며 사회성을 강하게 요구받기 때문이지요. 하지만 앞으로는 여성도 그렇게 되리라 예상합니다.

사이토 어떤 의미에서 여성은 자발적이라고 할까, 경우에 따라서는 유치원에 다닐 때부터 남자 이상으로 사회성을 기르라는 요구를 받지 않습니까? '여자들 모임'이 아이들 사이에도 있지 않나요?

미나시타 그렇기도 하고 맞벌이를 원하는 남성이 점점 늘어나면서 비슷한 사람끼리 결혼하려는 경향이 강해지고 있어요. 남성이 학력과 직업 등 자신과 비슷한 수준의 반려자를 찾고 있어서 여성도 좋은 상대를 구하려면 사회적인 지위가 높지 않으면 안 되는 시대가 되었습니다.

● (옮긴이주) 마더 콤플렉스를 뜻하는 이탈리아어로, 저출산의 영향으로 부모와 동거하는 자식이 늘고 있는 사회 현상을 가리킨다.

사이토   같은 계급에서 상대를 찾는 거군요.

미나시타 그래서 젠더 격차보다 계급 격차가 심해지는 사회가 되고
있다는 생각이 들어요.

사이토   저는 막연히 서구적인 계급의식은 좋든 싫든 일본에는 정
착할 것 같지 않다고 생각했는데 앞으로는 그렇게 될 것 같
군요.

미나시타 네. 사회학자, 특히 가족, 젠더를 연구하는 사람은 계급 문
제를 더 깊이 생각해보지 않으면 안 됩니다. 하지만 이 사회
에는 여전히 계급에 대한 알레르기가 있어서 정면으로 글을
쓰기가 어려워요. 그래서 '격차 문제'라는 식으로 말하죠.

사이토   사회학자 야마다 마사히로山田昌弘 씨의 책《희망 격차사회
希望格差社會》가 날개 돋친 듯 팔리고 행복 격차니 교육 격차
니 한때 격차라는 단어가 유행했지요.

미나시타 그만큼 계급과 격차에 민감한 사회에요. 하지만 그런 책이
읽히는 반면 일상에서는 다른 계급 사람과 섞이지 않으려
는 심리 또한 강하고, 다른 계급 사람들과 어울리자는 말 자
체를 터부시하는 느낌이 들어요. 가령, 저는 지역의 사회적
자본social capital은 취학 자녀를 둔 어머니가 떠맡고 있다고
생각하는데 공립 초등학교·중학교에 다니는 아이를 둔 어머

니들의 의식은 우리가 진단하는 것처럼 심층적이거나 심오
하지 않아요. 게다가 과거 공동체를 이루고 살던 때의 의식
이 변하지 않고 그대로 남아 있고요. 요컨대, 격차사회니 뭐
니 해도 다른 계급과 섞이지 않으려는 심리가 뿌리 깊게 남
아 있죠.

모자 문제도 그렇지만 일본 사회의 기반에는 언어화되기
전에 이미 '상식'으로 선택된 것이 강하게 남아 있어서 그것
이 용해되지 않는 한은 쉽게 변하지 않으리라 생각됩니다.

강고한 일본의 가족주의

사이토   가족이란 틀이 꽤 강고한 느낌이 드는 걸요.

미나시타   그렇습니다. 30년 전의 일반적인 감각을 버리지 못하고 여
전히 끌어안고 있으니까요. 저도 다양한 곳에서 가족 문제
에 대해 발언해왔는데 아직도 비판이나 반발이 거세요.

사이토   그렇습니까? 의외로 보수적이군요.

미나시타   정보사회학이나 미디어론 등 다른 분야를 전공한 젊은 사
회학자들과 이야기를 나누다 이런 말도 들었어요. "미나시

타 씨, 가족과 여성 문제에 대한 미나시타 씨의 발언은 어떤 의미에서는 위험해요. 주변의 일반 사람, 특히 아저씨는 IT 같은 생소한 주제에 대해서는 들어도 잘 모르니까 아아, 그런 것도 있구나, 하고 넘기지만 미나시타 씨의 말을 듣고 있으면 아무래도 본인이 일상적으로 접하고 당연하다고 여기는 것을 비판받는 기분이 들거든요."

사이토 학자들끼리도 그런 말을 하는군요?

미나시타 가족이란 연구 분야는 알다가도 모르겠다느니 너무 거대해서 연구할 엄두가 안 난다느니…. 특히 그걸 여성 사회학자가 말할 때 반발이 크다는 걸 통감한 적이 많아요.

사이토 좀 의외네요. 반발한다고요?

미나시타 여전히요. 그나마 반발한다는 건 아직 반응이 있다는 뜻이라 괜찮습니다. 본인도 불안하니까 거기에 반응하고 비판하고 반발하는 거죠. 오히려 우리 생활은 조금도 변하지 않을 거야, 라고 생각하는 사람들, 즉 침묵하는 다수가 더 무섭고 강고해요. 가족은 안을 들여다보면 괴롭잖아요, 특히나 강고한 모자 관계는 더. 그래서 외면하려는 것 같아요.

사이토 모사가 일체화되며 아버지가 소외되는 구도는 외의로 여전히 뿌리 깊게 남아 있지만, 현장에서 봤을 때 한 가지 달라졌

나는 엄마가 힘들다

을지도 모르겠다고 생각하는 점은 그렇게 일체화될 정도로 끈끈하던 자식을 향한 집착이 좀 줄어든 것 같다는 거예요. 특히 사춘기 아이를 치료하다 보면 단카이 세대 이상, 60대 이상의 엄마는 좋든 싫든 자기 몸을 던져서라도 아이를 지키겠다는 각오가 있어요. 하지만 젊은 세대일수록 집착이 줄어서 "전부 맡기겠습니다"라는 느낌입니다. 아이를 입원시키면 나이 든 부모는 걱정을 놓지 못하고 매일 면회하러 옵니다. "이제 자주 오시지 않아도 됩니다"라고 말리지 않으면 안 될 정도죠. 하지만 부모의 연령이 낮아질수록 아이를 병원에 일임하는 경향이 강해집니다. 가정폭력 문제도 마찬가지예요. 자식이 부모에게 폭력을 휘두르고 부모를 두들겨 패도 자식을 돌보겠다고 각오하는 사람은 일정 세대의 어머님들뿐이에요. 요즘 세대일수록 당장 집에서 아이를 내쫓거나 버리는 경향이 두드러지게 나타납니다.

미나시타 그러면 《쓰미키 구즈시積木くずし》•처럼 아이가 행패를 부리고 자신을 두들겨 패도 참는 경향은 윗세대에서만 볼 수

• 1982년, 배우 호즈미 다카노부穂積隆信가 비행청소년이 된 자신의 딸을 바로잡기까지 직접 경험한 사투를 담아낸 책이다. 판매부수 300만부를 넘기며 베스트셀러가 되었고 1983년 TV 드라마(TBS)로도 제작되었다.

있다는 뜻입니까?

사이토 그런 것 같습니다. 어느 정도 윗세대가 아니면 그런 각오를 하기가 어려운 모양이에요. 나쁘게 말하자면 부모가 점점 자기중심적이 되는 느낌입니다. 단, 그것이 이른바 서구형 개인주의로 이어지지 않는다는 점이 특이할 뿐이죠.

미나시타 그렇군요. 개인주의적인 자기책임과 자기결정이 일제히 선전되기 시작한 시기가 2000년대 이후요. 신자유주의적인 경향이 강해졌지만 중요한 핵심이라 할 수 있는 개인은 존중되지 않는다니.

사이토 전혀 존중되지 않고 있어요. 이른바 신자유주의적인 삶을 강조한 자민당이 헌법을 제안하면서 "권리와 의무는 한 세트입니다"라는 해괴한 해석을 들고 나왔고 노골적으로 천부인권을 부정하고 있어요. 그 무렵부터 개인보다 공동체를 중시하는 무라샤카이 논리가 대두되었죠. '주어진 의무를 다한 사람만이 공동체의 혜택을 받는다'는 논리죠. 그런 의미에서는 자기책임론이라 할 수 있겠네요.

미나시타 하지만 한편으로는 가령, 생활보호를 받을 경우 3촌 이내 친족의 지원을 받을 수 있느냐 없느냐를 확실하게 확인받아야 하는 등 이상한 데서 가족주의적이에요.

　　　　　　　　　　　　나는 엄마가 힘들다

사이토   아니, 모든 게 가족주의로 통하지 않습니까? 일본의 정책 기조는 구석구석 일관되게 가족주의라고 저는 생각해요.

미나시타   일본형 복지사회는 그렇지요.

사이토   약자 보호는 쭉 가족에게 일임해왔어요. 정신장애인의 경우 전후 직전까지 자시키로座敷牢*에 사택 감치를 해야 했고요. 쇼와 30년대에 대형 병원이 줄줄이 생기고 나서야 그런 경향이 줄었죠. 그 후에는 고령자 문제가 불거졌어요. 고령자 역시 가족에 책임을 맡기고 있는데, 개호보험제도**로 약간 개선되었습니다. 지금은 청년이 문제에요. 은둔형 외톨이 문제 역시 여전히 가족이 해결해야 한다는 느낌이에요.

미나시타   또 은둔형 외톨이 문제가 대두하자 자식을 그렇게 키운 부모, 특히 '엄마가 잘못이다'라며 엄마를 탓하는 풍조가 생겼죠.

사이토   여전히 그렇게들 말합니다. 현재 은둔형 외톨이의 평균연

● (옮긴이주) 광인·죄인 등을 가두어두는 방.
●● (옮긴이주) 간병을 필요로 하는 상태라도 자립 생활이 가능하도록 고령자의 간병을 지원하는 제도. 현재 병구완이 필요 없는 상태라도 미래에 자립적인 생활을 계속할 수 있도록 병구완 예방도 지원한다.

령은 32살이에요. 완전히 어른이죠. 아직 정확한 자료는 없지만 일본의 은둔형 외톨이 인구가 미국의 노숙자 수에 맞먹어요. 영국은 젊은 노숙자가 약 25만 명, 미국은 1백만 명이 넘는다고 하는데 일본의 젊은 노숙자는 1만 명도 안 됩니다. 적어도 통계상으로는 그렇습니다.

미나시타 PC방을 전전하며 사는 사람은요?

사이토 약 5천 명이라고 합니다. 이른바 집 없이 여기저기 전전하는 젊은 노숙자는 훨씬 적습니다. 그러면 사회에 적응하지 못한, 거꾸로 말하면 사회에서 배제된 청년이 어디에 있느냐? 집안에 있죠.

미나시타 부모 세대도 슬슬 등골이 휘겠군요.

사이토 네, 맞아요. 그래서 일본에서도 젊은 노숙자 수가 점점 늘고 있다고 합니다. 앞으로 나쁜 의미에서의 서구화가 진행될 것이라 예측하고 있으며 약 10년 안에 은둔형 외톨이 인구가 꺾이고 그 자리를 젊은 노숙자가 대신할 것이라고 내다보고 있어요. 그리고 그런 징후는 이미 나타나고 있고요.

미나시타 알아요. 그리고 은둔형 외톨이는 남성이 많다고 하는데, 노숙자 문제를 말하자면 PC방을 전전하며 사는 젊은 여성들의 수도 요 몇 년 사이에 늘고 있어요. 시부야 등 비교적 청년들이 많은 곳에서는 거의 절반에 가깝다고 해요. 여성은 근로소득이 있는 사람이라도 연간 소득이 3백만 엔 이하인 사람이 70퍼센트를 차지합니다. 또 비정규직이 과반수라서 예전처럼 결혼이라든지 가족의 보호를 받지 않으면 노숙자로 전락하는 여성이 증가할 위험도 있어요.

사이토 그렇죠. 완전히 밖에서 먹고 자는 노숙자는 아니지만 PC방에 사는, 또 다른 노숙자의 비율이 늘어날지도 모르겠군요.

미나시타 이런 말은 좀 그렇지만 젊은 여성 중에는 가출해서 인터넷 게시판에 "오늘만 재워줘"라고 글을 올리는 사람도 있어요.

사이토 맞아요. 그런 여성을 재워줄 남성은 얼마든지 나옵니다.

미나시타 그래서 노숙자로 확인받기가 힘들어요. 가출 여성 중에는 예를 들어 아버지가 가정폭력을 휘두른다거나 어머니가 정신적으로 정상이 아닌 사례가 있습니다. 아까 말씀하신 오사카 두 자녀 유기 사건에서는 가족회의에서 피고의 친정 엄마에게 도움을 청하라고 조언했던 모양인데, 피고의 어머니도 정신병이 있어서 아이들을 보호할 수 있는 상태가 아니었다고 해요. 그런데도 결국 엄마의 책임이 됩니다. 이쯤 되면 다문제가족*이에요. 가족 문제를 보면 사회의 다양한 문제가 복합적으로 드러납니다.

가사의 외부화

사이토　마지막으로 몸과 관련해 여쭙겠습니다. 저는 남자아이를 키울 때와 여자아이를 키울 때 신체 구조가 다르다는 이유로 교육방식에도 차이가 있을 거라 상정했어요. 그런데 미나시타 씨의 어머님이 미나시타 씨를 남자답게 키우셨다는 말씀을 들으니 딱히 그런 것을 염두에 두지 않았다고 느꼈는데 어떻습니까?

미나시타　일단 엄마는 가정과 교사 자격증도 보유하고 있었기 때문에 요리, 재봉 같은 것도 가르쳐주셨어요.

사이토　기술로서지요.

미나시타　기술이죠. 게다가 아까도 말씀드렸지만 체육 선생님이 학생들을 훈련시키듯이 가르치셔서…. 예를 들어 손을 바늘에 찔리거나 가위에 베이면 "그런 상처는 그냥 놔둬도 낫지만 잘린 천은 원래대로 돌아오지 않아"라고 하셨어요(웃음). 요리도 과학 실험 같은 느낌이었고요. 삼투압 원리니 분자

● (옮긴이주) 빈곤, 질병, 주거, 다자녀 등 많은 문제를 동시에 안고 있는 가족으로, 문제 해결을 위한 정보를 수집하지도, 사회적 원조를 받기 위해 절차나 수속을 취하지도 않는 가족이다. 극단적인 경우 아동학대, 동반자살, 알코올의존증, 범죄 등의 문제가 나타나기도 한다.

구조에 맞게 조미료를 넣어야 한다느니, 단백질의 특성에 따라 온도를 조절해야 한다느니. 완전히 기술이었죠.

사이토 그렇군요. 오히려 그렇게 철저히 가르치면 서로 자기 의견이 옳다고 고집하는 일은 생기지 않을 것 같군요. 옷은 서로 바꿔 입기도 했습니까?

미나시타 제가 중학생이 될 때까지 옷은 거의 엄마가 손수 만들어주었어요. 그래서 옷을 사러 가기보다 원단 가게에 갈 때가 더 많았고요. 저렴한 천을 잔뜩 사와서 "리에코● 옷은 이걸로, 여동생 옷은 이걸로, 내 옷은 이걸로" 하며 지어주셨어요.

사이토 좋은 걸요? 돌려 입는 것과는 좀 다르네요.

미나시타 다르죠. 당시는 아직 원단 가게가 많을 때라, 천을 사러 가서 종류나 용도에 맞게 원단을 선택하는 법도 가르쳐주셨어요. 쇼와 40년대에는 많은 어머니들이 옷을 직접 지어 입었죠.

사이토 직접 본을 떠서.

미나시타 네. 저희 엄마는《드레스메이킹 귀여운 아이옷ドレスメーキングのかわいい子ども服》잡지를 정기구독해서 제가 입고 싶

● (옮긴이주) 미나시타 기류의 본명은 다나카 리에코田中理惠子다.

은 옷이 있다고 하면 카탈로그에 나온 그대로 만들어주는 사람이었어요. 엄마는 옷이든 식료품이든 보면 바로 원가를 계산하는 사람이라서 시중에 파는 아동복은 원단 원가에 비해 비싸다고 늘 말하곤 했어요. 가끔 시중에서 파는 옷을 사주었는데, 옷을 뒤집어보고 "아, 이건 안감 처리가 좋지 않아. 같은 값이면 내가 더 잘 만들 수 있어"라고 하면서 환불했어요. 그리고 정말 파는 제품보다 더 좋게 만들어주셨죠.

사이토   정말 여러 가지 의미에서 기술력이 높았군요.

미나시타   같은 엄마라는 입장에서 점수를 매긴다면 저는 절대로 엄마를 이길 수가 없어요. 솔직히 엄마같이 되고 싶다고 생각한 적도 없어요. 무리에요.

사이토   그 높은 기술도 일종의 억압의 산물이라 생각하는데 어떠세요?

미나시타   너무 대단해서 그런 생각을 할 겨를도 없었어요. 거의 전문가 수준이었으니까요.

사이토   엄마로서 전문가처럼 완벽했다?

미나시타   극단적으로 말해서 자신의 부모가 요리사라고 해도 자기 자식에게 부모처럼 똑같이 요리를 만들어줘야겠다고 생각하지 않잖아요? 그런 느낌이에요.

사이토 수준 차이가 너무 크다는 뜻이군요. 그러면 외할머니에게 물려받은 재주도 아니었던 건가요?

미나시타 외할머니에게 물려받은 건 거의 없어요. 엄마는 재봉과 재단을 가르치는 학교에 다녔으니까요. 외할머니에게 기모노 재봉법을 배우기도 했던 모양이지만 거의 대부분은 학교나 학원에서 배웠다고 들었어요.

사이토 외부에서 배운 기술이군요.

미나시타 당시가 마침 신부수업이 외부화되던 시기거든요.

사이토 외부화가 있었군요. 어떤 부분에서는 외부화가 좋다고 생각해요. 일자상전一子相伝, 그러니까 자식 한 명에게만 기술을 전수하는 식으로 외할머니에게서 엄마에게로, 엄마에게서 딸에게로, 이렇게 전달 경로가 좁아지면 좁아질수록 전달 내용이 꼬이는 경향이 있으니까요.

미나시타 엄마 세대는 단카이 세대보다 조금 윗세대지만 그 세대부터 집안일이나 살림 기술을 주부잡지나 요리학교 등에서 접할 수 있게 되었어요. 외부에 이양된 거죠. 주부잡지《생활수첩暮らしの手帖》에 프렌치드레싱 등이 소개되던 시기라서 전통식보다 양식을 더 많이 먹었어요. 전쟁으로 한때 가정식 요리가 재편된 영향도 있었고요. 그런 시기였기 때문

에 외할머니의 손길이 느껴지는 전통식보다는 엄마가 요리 학교에서 배운 음식이 식탁에 자주 올라왔어요.

사이토 그건 드문 일이 아닌가요?

미나시타 그런가요?

사이토 글쎄요. 다들 그랬나요?

미나시타 생각해보면 엄마의 전문대학 친구는 다들 그런 느낌이었는데 저희 외가 주변의 어머니들은 그렇지도 않았네요. 엄마가 신부수업을 받는다며 한가롭게 학원을 다닐 수 있었던 것은 이러니저러니 해도 양갓집 규수였기 때문이겠지요.

사이토 그렇겠죠. 말씀을 듣고 생각해보았는데 역시 젠더 교육은 부모에게서 자식으로 계승되는 모델이 아니라 기술로 외부화한 후 개방된 형태로 이루어지는 것이 관계가 꼬이지 않는 비결일 수 있겠군요. 오늘 이렇게 자리해주셔서 감사합니다.

나는 엄마가 힘들다

대담을 마치고

예리한 시선을 가진 사회학자이자 시인인 미나시타 씨와의 대담은 사상 최초로 아이와 함께한 대담이기도 했습니다(다이고로 군과의 '전쟁놀이' 재미있었어요!).

아들 육아기를 바탕으로 일본 엄마들의 힘겨운 육아 환경에 대해, 가족사회학의 시점에서 모녀 문제와 가족 문제 전반에 대해 폭넓게 이야기를 나눴습니다. "학교나 사회로 나가니 '여자일 때'와 '인간일 때'의 차이가 너무 커서" 사회학자를 꿈꾸게 되었다는 이야기는 중요한 지적입니다.

만약 모든 엄마가 미나시타 씨의 강렬한 어머니처럼 딸을 '여자아이'로서가 아니라 '인간'으로서 키울 수 있다면 모녀 문제는 사라지지 않을까 하는 생각이 꼬리에 꼬리를 물던 대담이었습니다.

사이토 다마키

지난 책《엄마는 딸의 인생을 지배한다》를 출간한 이후 벌써 6년의 세월이 흘렀습니다. 그 사이 모녀 문제를 둘러싼 환경도 크게 변했습니다. 특히 다부사 씨를 비롯한 당사자 분들이 적극적으로 목소리를 내면서 그에 대한 공감과 반발 등 의견이 활발하게 쏟아지며 모녀 문제에 대한 주목도가 급속하게 상승했습니다. 이 시점에 본 대담집을 내게 되어 무척이나 행복합니다.

대담에 흔쾌히 응해주신 다섯 분에게 새삼 감사드립니다.

지난 책은 NHK 출판사의 가노 노부코加納展子 씨의 기획으로 시작되었는데 이번에도 가노 씨의 기획력에 기대어 작업을 진행했습니다. 대담의 세팅부터 구성에 이르기까지 정말 수고가 많으셨습니다. 이 자리를 빌려 감사하다는 말씀을 전합니다.

또 이 책의 표지(일본어판)를 장식한 멋진 일러스트는 대담에도 참여하신 하기오 모토 씨가 그려주셨습니다. 다정하면서도 숨 막히는 모녀 관계의 양면성이 담긴 아주 훌륭한 '작품'입니다. 장정은 자주

신세를 지는 밀키 이소베ミルキィ イソベ 씨가 맡아주셨습니다. 멋지게 편집해주신 덕분에 내용에 부합하는 아름다운 책이 완성되었습니다. 두 분께 진심으로 감사합니다.

사이토 다마키

옮긴이 전경아

중앙대학교 독문학과를 졸업했다. 현재 출판 번역 에이전시 베네트랜스에서 전속 번역가로 활동하면서 좋은 책을 소개하기 위해 부단히 노력 중이다. 옮긴 책으로《미움받을 용기 1, 2》《나를 위해 일한다는 것》《지속가능형 인간》《왈칵 마음이 쏟아지는 날》《아무것도 하지 않으면 아무 일도 일어나지 않는다》《마음에 구멍이 뚫릴 때》등이 있다.

나는 엄마가 힘들다

펴낸날   초판 1쇄   2017년   6월   5일
　　　　　초판 3쇄   2019년   8월   20일

지은이   사이토 다마키 · 다부사 에이코 · 가쿠타 미쓰요 ·
　　　　　하기오 모토 · 노부타 사요코 · 미나시타 기류
옮긴이   전경아
펴낸이   김현태

펴낸곳   책세상
주소   서울시 마포구 잔다리로 62-1, 3층(04031)
전화   02-704-1251(영업부), 02-3273-1334(편집부)
팩스   02-719-1258
이메일   bkworld11@gmail.com
홈페이지   chaeksesang.com
등록   1975. 5. 21. 제1-517호

ISBN   979-11-5931-120-8 03180

이 도서의 국립중앙도서관 출판시도서목록(CIP)은 서지정보유통지원시스템 홈페이지 (http://seoji.nl.go.kr)와 국가자료공동목록시스템(http://www.nl.go.kr/kolisnet)에서 이용하실 수 있습니다.(CIP제어번호 : CIP2017011618)